QUAN ZHOU WU

GENTE DE AQUÍ

ENSAYO GRÁFICO SOBRE MIGRANTES Y ESPAÑOLES

¿TIENES EL "NOVACONMIGUISMO"?

¡Hey, tú! Sí, tú, que estás leyendo u ojeando este libro. Quizás lo has cogido en la librería, quizás te lo han regalado o quizás te lo has comprado (muy bien hecho). Quizás estés pensando:

Esto no va conmigo, si yo estoy superconcienciado con el racismo y tengo amigos negros/chinos/latinos...

PERO

¿Sabías que el 89,6% opina que tiene amigos con comportamientos racistas? (pero a la vez, nadie se considera racista... uy, uy, uy).

PERO este libro tampoco va de qué es o no racista. Este libro va de personas y de sus relaciones, de esa relación tan compleja que existe entre los migrantes y los españoles que convivimos aquí.

UN POCO DE SOCIOLOGÍA POP *

Porque, a estas alturas de la vida, no podemos seguir pensando que alguien con rasgos asiáticos automáticamente no va a hablar español o que piel morena y pelo rizado significan ¡salsaaaa!

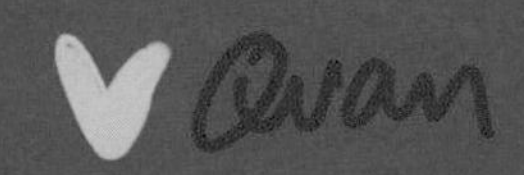

Quan

A mi familia de elección.
Os elegiría una y otra y otra y otra vez.

Q

GENTE DE AQUÍ GENTE DE ALLÍ

Colección Sillón Orejero

Diseño: Quan Zhou Wu
Maquetación: Alba Diethelm

ISBN: 978-84-18215-13-1
Depósito legal: BI-303-21
Impresión: Edelvives
1.ª edición: noviembre 2020
2.ª edición: febrero 2021

Astiberri Ediciones
Apdo. 485
48080 Bilbao
info@astiberri.com
www.astiberri.com

{1}

EL AQUÍ

menudo sitio... ¿eh?

EL AQUÍ

El aquí tiene muchas definiciones, porque depende directamente de dónde estés tú ahora mismo. Aquí es este lugar, no aquel lugar.

Aquí es tu habitación de siempre

Aquí también es esa cama esa noche

Hoy estoy aquí, mañana ya veremos

Aquí también puede ser tu país de nacimiento o al que te mudaste (dependiendo de si tú estás en él o no).

Solo por situarnos en este momento, AQUÍ, en este libro, es ESPAÑA.

¿QUÉ HAY AQUÍ?

(En el momento de la creación de este libro, una pandemia).

FRANCIA

PLAYAS CON AGUA MU FRÍA

MONTAÑAS CHULAS

CIERTAS SENSIBILIDADES CON SER "DE AQUÍ"

UN LUGAR CON MUCHA HISTORIA ANCESTRAL

PORTUGAL
UN ALLÍ MUY CERCANO...

MAR CON AGUA CALIENTE

ISLAS BONICAS MUY INSTAGRAMEADAS

506 mil ~ Km²

46 ~ millones de personas

↖ Hubo un tiempo en que era más superficie y más gente... Pero esa es otra historia.

↑ LA CAPITAL AQUÍ, AQUÍ
MADRIZ, MADRIZ

PLAYAS CON AGUA FRÍA

CIUDADES DE AQUÍ QUE ESTÁN ALLÍ

↑ OTRAS ISLAS BONICAS CON 1HORA MENOS

AQUÍ han CONVIVIDO MUCHAS culturas durante siglos y siglos: ROMANOS, judíos, celtas... ¡MUCHA RIQUEZA CULTURAL! YASSS

↖ Sí, muy interesante esa asignatura del instituto llamada Historia de España.

Generalmente, el aquí no nos produce mucha curiosidad...
Pese a que tengamos siglos y siglos de historia, grandes artistas como María Blanchard, grandes monumentos como la Alhambra (patrimonio de la humanidad), grandes escritoras como Gloria Fuertes, y un gran etcétera.

Como tengo la Alhambra aquí, la puedo ver cuando quiera...
ANDALUZ QUE NUNCA FUE A LA ALHAMBRA

El aquí baja exponencialmente en la escala de molabilidad viajera. A menor exotismo, menor molabilidad.
Quedan excluidas las zonas postureo, esas zonas "de moda".

+
SRI LANKA
BALEARES
EXOTISMO
+
−
MOLABILIDAD
KAZAJISTÁN
LA MOJONERA (ALMERÍA)
−

{2}

LOS DE AQUÍ

¿ole, ole, fiesta, fiesta?

¿seguro?

LOS DE AQUÍ

Esta descripción debería ser fácil.
Primero, porque están por todos lados (por algo son autóctonos y naturales de aquí), con familia de aquí*, y llevan generaciones y generaciones viviendo aquí, y segundo, porque yo también nací y crecí aquí.

↑ Además de esto

Yo creía que un/a español/a era:

1. Alguien con rasgos considerados locales. (¿fenotipo español? ¿Eso existe?).

2. Que además compartiera sapiencia cultural y su lengua materna.

Jeje
ya ves tú
la ingenuidad

*Si tu familia no es de aquí, entrarías en la categoría de "parecer de allí".

PUES NO...

no es tan sencillo.
La respuesta a

¿Qué es ser español?

tiene su miga...

el enigma de LA ESPAÑOLIDAD

¿Existe? ¿Son los padres? ¿Nacen o se hacen? Y si se hacen... ¿Cómo se hacen? ¿Sabiendo las costumbres y haciendo un examen? ¿Teniendo padres españoles?...

¿QUE POR QUÉ SOY ESPAÑOL?

PUES NO SÉ...

¿QUÉ ES SER ESPAÑOL?

¡Lelelele, la pregunta del millón!
Según la RAE, ser natural de España.

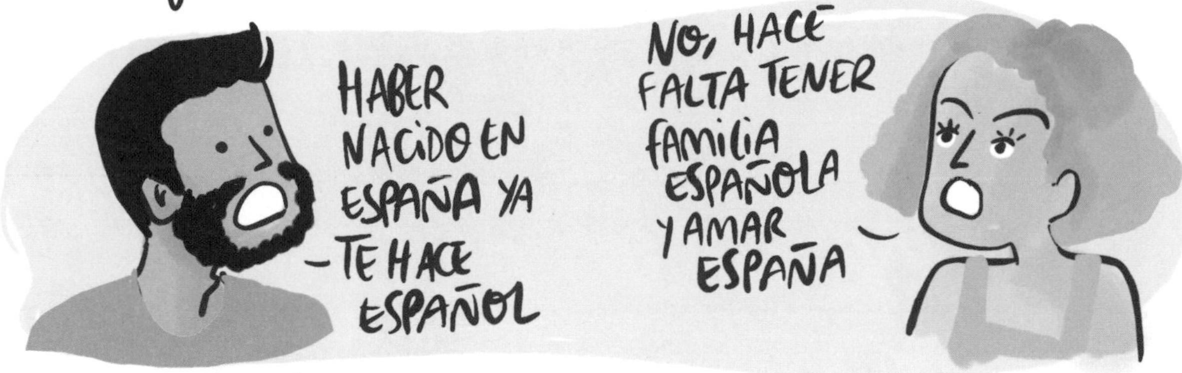
HABER NACIDO EN ESPAÑA YA TE HACE ESPAÑOL
NO, HACE FALTA TENER FAMILIA ESPAÑOLA Y AMAR ESPAÑA

Añade aquí tu definición, si quieres:
↓

No os imagináis la de debates que causé entre españoles cuando investigaba esto. Hay sensibilidad con el tema y no mucho consenso entre españoles sobre lo que es ser español.

¿POR QUÉ ESE CONFLICTO?

¿Y ese cacao de opiniones?

vamos pasito a pasito...

YO, SORPRENDIDA, TRAS VOLVER A VER DISCUTIENDO A ESPAÑOLES AL PREGUNTAR ¿QUÉ ES SER ESPAÑOL? POR 4ª VEZ →

No entiendo a qué viene tanta Polémica y Sensibilidad

Primerísimamente,
como ese conflicto está
asociado a una nación,
veamos cómo es posible
que se haya formado
un país, más allá del
proceso histórico...

¿Cómo?
¿Hay algo
máz que
conquiztar?

¿Cómo es posible que un grupo grande de personas se una bajo las mismas normas y cree una cultura?

LA FORMACIÓN DE UNA NACIÓN

01 HUMANOS
→ animal de naturaleza ULTRASOCIAL

02 GRUPO DE HUMANOS
→ Identidad colectiva

03 MUCHAS COSAS JUNTAS

HUMANOS

+

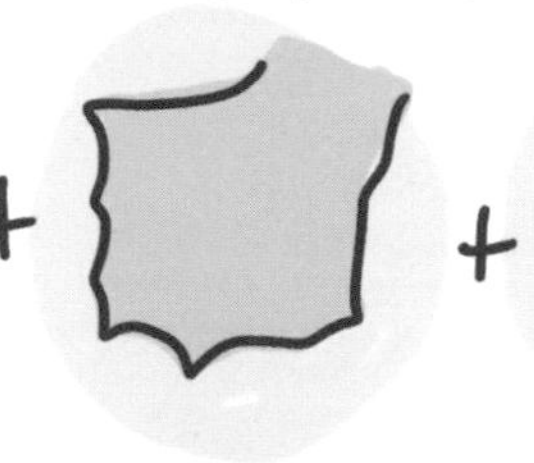

TIERRAS

+

MOVIDAS COMPARTIDAS

→

Tiene sentido pensar que si los humanos somos ultrasociales por naturaleza y tendemos a agruparnos y vivir juntos a la larga, si tenemos un territorio + leyes, con el tiempo formaremos "una nación".

GRUPO DE HUMANOS
+ TERRITORIO
+ MOVIDAS COMPARTIDAS ENTRE TODOS (LEYES, COSTUMBRES)

UNA NACIÓN

01 HUMANOS: ANIMAL DE NATURALEZA ULTRASOCIAL

¿¡SOLO!?
Sí, si me encanta mi compañía... PERO SOLO UN RATITO

Bueno, no es que solo seamos ultrasociales* y nos guste el cachondeíto, es que además somos animales interdependientes. Si una persona fuera totalmente independiente (ermitaños y tal) tendría ciertos problemas patológicos** (falta de empatía, por ejemplo).

NOS NECESITAMOS LOS UNOS A LOS OTROS. ESTO ES ASÍ.

NO ME JUZGUES POR TENER SIEMPRE NOVIO, ES MI NATURALEZA HUMANA

EL 11º QUE NOS TOCA AGUANTAR...

*MICHAEL TOMASELLO, 2015. **ARUN MANSUKHANI.

Ultrasociales, interdependientes y cooperativos*: los humanos hemos evolucionado interactuando entre nosotros y con el mundo:

→ Con el mundo con procesos de intencionalidad compartida.

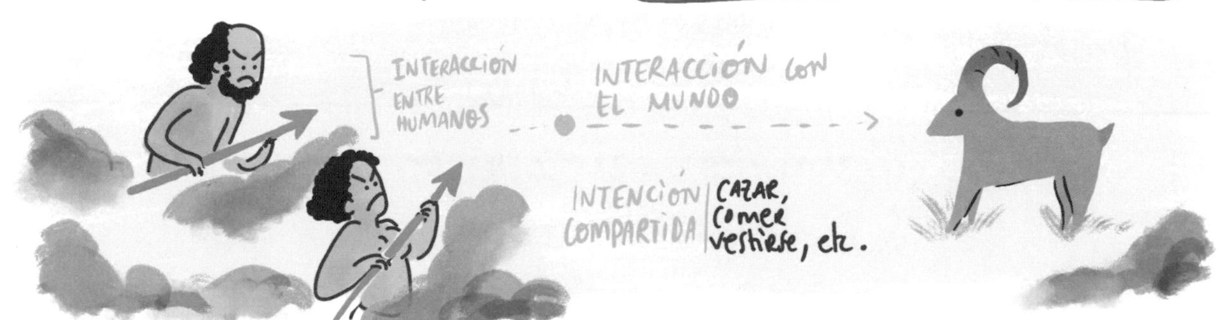
INTERACCIÓN ENTRE HUMANOS
INTERACCIÓN CON EL MUNDO
INTENCIÓN COMPARTIDA
CAZAR, COMER VESTIRSE, etc.

→ Entre nosotros con procesos de moralidad interpersonal y grupal.

¡QUÉ PUTO PESAO! VOY A HACERLE UN GHOSTING** DE MANUAL
¿QUÉ DICES? ¿GHOSTING A TU NOVIO DE DOS AÑOS? MUY FEO ESO...
MORALIDAD ↓
MORALIDAD ↑
~ CALIBRANDO ~

*MICHAEL TOMASELLO, 2015.

** GHOSTING: DESAPARECER SIN DAR EXPLICACIÓN ALGUNA A LA OTRA PERSONA.

02 GRUPOS DE HUMANOS: IDENTIDAD COLECTIVA

Los humanos nos agrupamos por mil razones: estudiar, jugar al fútbol, procesiones, uniones poliamorosas, etc. Pero nos centraremos en los siguientes patrones:

¡A MÍ TAMBIÉN ME ENCANTA RUPAUL!*
¡POR FIN! ¡ALGUIEN CON QUIEN VER EL SHOW!

*REALITY DRAG QUEEN.

1. Movidas compartidas

Tenemos cosas en común y nos agrupamos en torno a ello: género, ideologías, gustos, etc.

NOS HAN PUESTO EN EL MISMO GRUPO DE TRABAJO
Pfff...
MIERDA... ni el huevo hale este

2. Movidas inventadas

Razones o motivos artificiales creados para agruparnos, con o sin un fin específico: matrículas pares de coches, grupos de trabajo, apellidos, etc.

El tema de las agrupaciones artificiales es muy interesante, ya que se ha demostrado que se nos puede engañar para que creamos "que nuestro grupo es legítimo" y, además, que los humanos queramos favorecer a nuestro grupo (aunque este sea artificial).

El psicólogo social H. Tajfel hizo un experimento en 1970 con adolescentes. Según un cuestionario sobre pinturas, los dividía en el grupo Klee o Kandinsky. Pero ese cuestionario era papel mojado, en realidad se los dividía de forma aleatoria. Después, les pidieron que puntuaran unas tareas, y, ¡oh!, todos puntuaban más alto a su grupo.

¡Por mí y por mis compañeros effect!
Mi grupo el mejor, aunque sea peor
Cuanto peor, mejor
Klee group

Dentro de los grupos puede producirse un sentimiento de IDENTIDAD COLECTIVA.* Hay personas que pueden sentirse identificadas con la identidad colectiva del grupo, y otras que no (sentirte del colectivo humano gótico, rapero, animalista... o no). Pero, en caso de que la persona se identifique con ella, se produce una asimilación de las características del grupo como suyas... aunque esas características no se apliquen en la realidad.

^ ejem, ejem Not all men?

IDENTIDAD COLECTIVA
Los andaluces tenéis una pachorra... ¡todo el día vagueando! oye, pero no es nada personal... ¿eh?
CARACTERÍSTICA DEL GRUPO QUE NO SE APLICA EN LA REALIDAD
SPOILER
Sí, se lo tomará como algo personal.
INDIGNACIÓN POR LA AFRENTA

* Thomas Jordan, 1996.

Y ahora es cuando toca hablar de...

EL TERRITORIO

¿República independiente, cacho de tierra con gente y cositas? ¿Qué es un territorio?

mio
Po ESTE SITIO YA ES MÍO. VALE. ¿Y POR AQUÍ A DÓNDE SE SALE?

Que si un territorio se puede descubrir, conquistar, que si tierras prometidas, que si yo llegué 500 años antes que tú. Vale, sabemos que un territorio es una zona delimitada...

(una pequeña observación, esos trozos de tierra ya estaban ahí y seguirán estando estemos nosotros o no...).

Ya, pero ¿a qué viene tanto interés?

Pero un territorio no es solo un espacio físico, también tiene una parte psicológica: Un territorio también es una construcción cognitiva* (fronteras y movidas burocráticas creadas por nosotros) y la territorialidad es el deseo de marcar el territorio y establecer reglas de forma legítima.

MI CASA,
MI HIPOTECA A 55 AÑOS,
MIS NORMAS

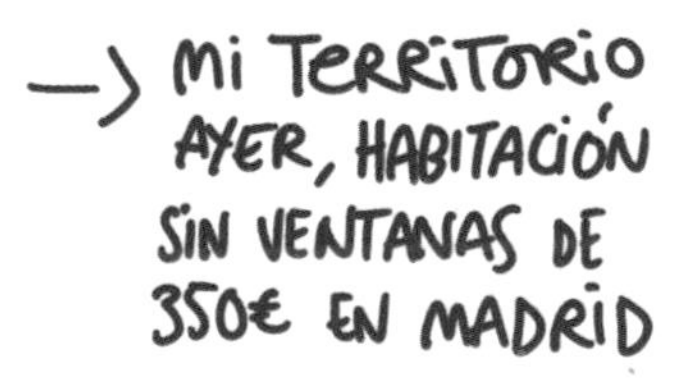
→ MI TERRITORIO AYER, HABITACIÓN SIN VENTANAS DE 350€ EN MADRID

→ MI TERRITORIO HOY, CASA CON TERRAZA HIPOTECADA A 55 AÑOS

DERECHO LEGÍTIMO

"Mi casa, mis normas".

SUBJETIVIDAD DEL TERRITORIO

en constante cambio

Sigue siendo "mi territorio", pero el espacio ha cambiado.

* Thomas Jordan, 1996.

Además, la TERRITORIALIDAD se puede entender de las siguientes formas:

Estrategias políticas para ejercer control sobre los demás (¿te suena? Usar el territorio como excusa para que me hagas caso...).

R. D. SACK, 1986

La expresión de la naturaleza social de los hombres (porque somos sociales en un sitio, no en la nada).

HABERMAS, 1981

BLA

Espacios de sistemas de significación compartida (idiomas, simbología y otros...).

WEICHHART, 1990

Defensa de identidades colectivas e individuales (yo soy español, español, ¿español?).

THOMAS JORDAN, 1996

AQUÍ

TERRITORIO

muy valioso por muchas razones

además, si es cultivable, aún más

valioso

RESUMIENDO

Las naciones tienen sentido porque somos animales ultrasociales y cooperativos. Y además, el territorio en el que se establece la nación ayuda a delimitar identidades colectivas e individuales.

Ahora, veamos las distintas partes que la gente entiende que componen

La españolidad

¿ADN español-español?

Primero veamos qué dice la ley:

LA ESPAÑOLIDAD EN TÉRMINOS BUROCRÁTICOS

(PASAPORTES, NACIONALIDAD Y ESAS COSAS)

-> MOVIDAS DE SANGRE & TERRITORIO

1. NACIMIENTO

Si naces aquí, dentro de una familia española, automáticamente eres español. Pero, si naces aquí y tu familia es migrante, depende de los tratados entre España y el país originario de tu familia.

2. ADQUIRIDA A POSTERIORI

Existen varias formas de obtener la nacionalidad: casándote, invirtiendo ingentes cantidades de dinero, etc.

MENCIÓN ESPECIAL

— el mal de hoy —

PASAPORTITIS

PASSPORT

Dícese de la sobreimportancia dada a "los papeles": el pasaporte y la nacionalidad, a la hora de categorizar a la persona.

PASSPORT

Idea errónea, recordemos que si un pasaporte se quema, tú sigues siendo tú, no mueres de combustión espontánea.

BUROCRACIA ≠ IDENTIDAD

Veamos ahora lo subjetivo, el entendimiento de la españolidad por la población, leyes aparte:

POLÍTICA

Influye enormemente en la definición de...

SER ESPAÑOL~~ista~~

TERRITORIALIDAD

EL AQUÍ, ESPAÑA

NACER Y/O CRECER AQUÍ.

SUMA IMPRESCINDIBLE

SIGNIFICADOS COMPARTIDOS

LENGUA, HISTORIA, LEYES, ETC.

La Política

QUE LO IMPREGNÓ TODO Y MÁS

brevísimo repasillo histórico de eventos que pudieron influir en la percepción del "ser español"

♫ BSO: CANCIÓN DEL RUMAÑOL, EN YOUTUBE

LA LEYENDA NEGRA
española

oh, my!
THIS BARBÁRICUS PEOPLE...
La Spain
the catetus country

LA LEYENDA NEGRA ESPAÑOLA

Término acuñado por Julián Juderías en el siglo XX y puesto de moda por Emilia Pardo Bazán.

Dícese del movimiento propagandístico contra España durante <u>el siglo XVI</u> por parte de naciones como Inglaterra, Holanda y otros países norteuropeos. Aunque S. Arnoldsson, investigador de la Universidad de Gotemburgo, dice que tuvo su origen en Italia en el siglo XIV.

Ah, Spain...
No es país
for the intelligent
and cultivated people...

of course None,
it is a bananan
Republic

Grandes escritores y pensadores de la época, tanto europeos como españoles, fueron transmitiendo por distintos medios (oral, escrito, dibujado...) ideas como las siguientes:

mi nutrición se basa en fe y agua

Que si los españoles eran

CATETOS Y ULTRARRELIGIOSOS

NI LISTOS NI CULTOS, Y QUE SI LA INQUISICIÓN P'ARRIBA, INQUISICIÓN P'ABAJO

Tenían además

UN GOBIERNO PENOSO

QUE SI EL REY FELIPE II MATÓ A SU HIJO CARLOS

El Rey de los tontos, pos el más tonto

Lista de robar y matar:
. Tú
. Tu madre
. Tu perro

Y también eran

SANGUINARIOS, SAQUEADORES, ANTISEMITAS...

SÍ, TODO LO MALO MALÍSIMO

Decían que la idea por aquel entonces era menoscabar España, que era un imperio por aquellos tiempos.

Con la leyenda negra pasa algo muy curioso...

la manipulación is REAL

MARÍA ELVIRA ROCA
AUTORA DE "IMPERIOFOBIA"

No, no lo es. ¡FACHIRULA!

JOSÉ LUIS VILLACAÑAS
AUTOR DE "IMPERIOFILIA"

Hay historiadores que dicen que fue real, y que inevitablemente ha influido tanto en la percepción de España como en la autoimagen de los españoles. Y los hay que dicen que no fue real, que es un reflejo de la imagen española fuera de España.

¿Y entonces? ¿Real o no?

Esto, pues como la sopa de murciélago en Wuhan: independientemente de si la leyenda negra existió o no, a posteriori se han discutido, hablado y publicado taaaantas cosas que ha generado mucho impacto a lo largo de los años.

LA DICTADURA

QUE SE APROPIÓ DE TODOS LOS SÍMBOLOS NACIONALES

¡che! también hice embalses

LA DICTADURA FRANQUISTA

Tras la guerra civil (1936-39) se instauró la dictadura franquista. Dictadura de ideologia ultracatólica y fascista, duró hasta 1975, cuando murió Franco. Le sucedió Juan Carlos I y comenzó la transición.

El régimen franquista puso a tope propaganda política en el ámbito público y privado: banderas, sellos, eslóganes, uniformes, nombres de calles, monumentos, etc. Obviamente, también se apropió de simbologia nacional ya existente (bandera, por ejemplo).

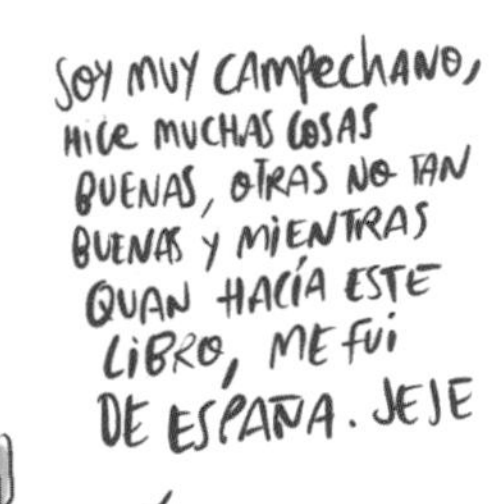
SOY MUY CAMPECHANO, HICE MUCHAS COSAS BUENAS, OTRAS NO TAN BUENAS Y MIENTRAS QUAN HACÍA ESTE LIBRO, ME FUI DE ESPAÑA. JEJE

YO QUERÍA SER UNA PRINCESA MARIPOSA, EL LOGO DE UNA TIENDA DE CUPCAKES O UNA DISCOTECA DE MODA...

Y aunque actualmente la mayoría de los símbolos franquistas ha desaparecido de las calles, es inevitable el sesgo que relaciona la simbología nacionalista actual con la fascista.

Claro ejemplo es la esvástica. Aunque es de origen hindú, sobre el 5000 a.C., es IMPOSIBLE no ver a los nazis.

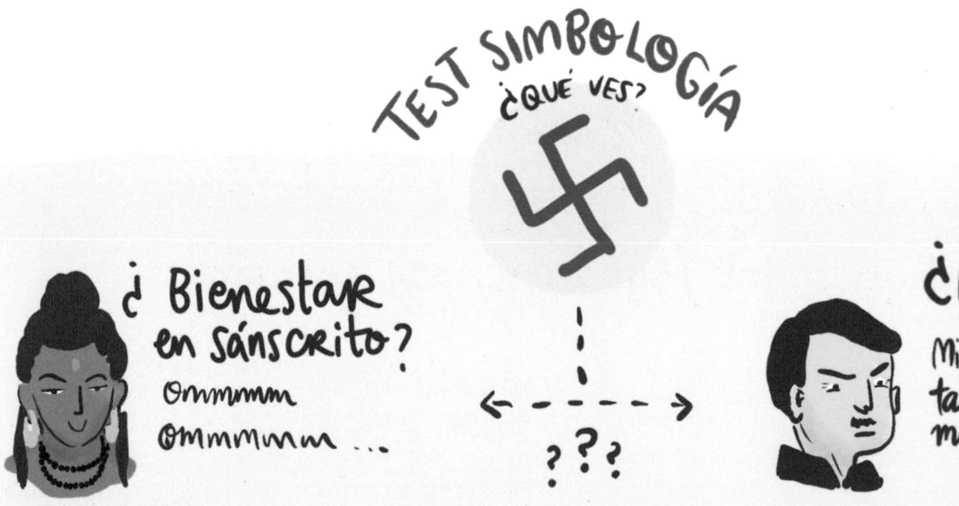
TEST SIMBOLOGÍA
¿QUÉ VES?
¿Bienestar en sánscrito?
Ommmm
Ommmmm...
???
¿NAZIS?
Mi imperio será tan grande como mi frente

Obviamente
con la historia reciente
(y la no tan reciente)
la política afecta y afectará
a lo que entendemos por
ser español.

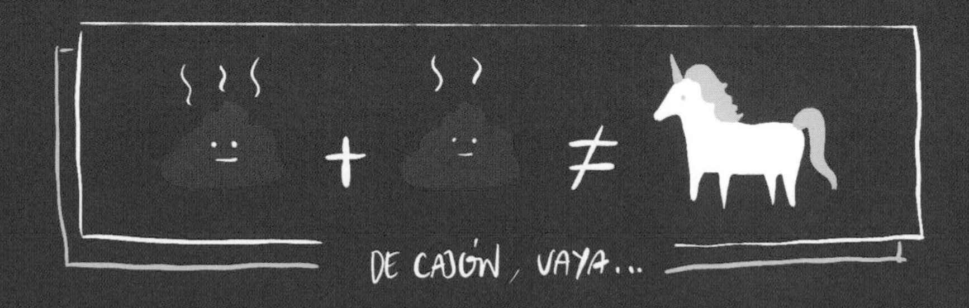
DE CAJÓN, VAYA...

Entonces,

¿qué es ser

español?

¿HISPANIUS TOTALUS?
¿ESPAÑA, PATRIA QUERIDA?
¿QUE NO, QUE NO NOS REPRESENTAN?
¿ESPAÑOLAMENTE WAY OF VIVRE?

Algunas respuestas de españoles:

En España tenemos genes diferentes, ¡hasta anticuerpos españoles contra VIRUS chinos!

¿Genes?

Pues muchas movidas han pasado durante toda la historia española, que explican que esta tierra sea nuestra. La Reconquista, por ejemplo...

¿Siglos y siglos de historia?

Quien nace y crece aquí tiene una forma de vivir y ver la vida que es intrínsicamente de aquí.

¿Vivir españolamente?

NO EXISTE UNA ÚNICA MANERA CORRECTA DE SER ESPAÑOL

Ni un checklist de lo que debe cumplir un español.

Gente que es de una ideología política o de otra, gente a la que ser española la define y a otra que no, gente de padres españoles y gente de padres migrantes, gente a quien le fascina Belén Estelan y gente cautivada por la cultura nipona... Y una gran gran cantidad de etcéteras.

Cuando sacaba el tema a la palestra, la polémica surgía porque cada persona intentaba convencer e imponer su opinión a los otros.

Aunque...
No hay una manera correcta de ser, se es y punto.

¿Quizás deberíamos repensar una definición más inclusiva? PREGUNTO... VAYA.

RESUMIENDO

1. NO HAY UNA MANERA DE SER ESPAÑOL NI UNA MANERA ERRÓNEA DE SERLO.

2. LOS TINTES POLÍTICOS SESGAN LA PERCEPCIÓN DE LOS SIMBOLOS NACIONALES Y EL SIGNIFICADO DE SER ESPAÑOL PARA LOS ESPAÑOLES.

3. ~~AQUÍ SE COME MUY BIEN~~

{3}

Cómo los ven los de allí

↓

Cuando los ven, que España no es México, aunque en las series estadounidenses no se hayan dado cuenta...

¡SÍ!
—¡SESGOS Y
ESTEREOTIPOS
PARA TODOS!
SESGOS
ESTEREOTIPOS

ESTEREOTIPOS BÁSICOS ESPAÑOLES

TOROS

FLAMENCO

FIESTA

zzz

SIESTA

CORRUPCIÓN POLÍTICA

Aparte de los básicos, la comunidad internacional (EUROPEA y no EUROPEA) también cree que España es un país*:

TRADICIONAL

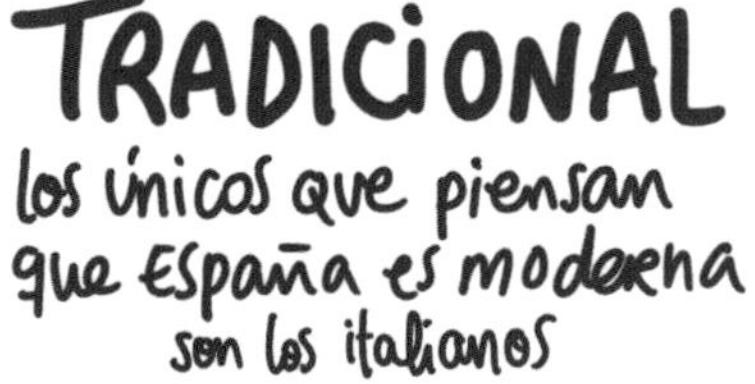

los únicos que piensan que España es moderna son los italianos

Semana Santa como modo de vida

RELIGIOSO

¿Alguien dijo Estado laico?

¿CUBA?
NAh... MAGALUF

DE TURISTEO

sí, país guay para pasearse

* REAL INSTITUTO ELCANO, BARÓMETRO MARCA ESPAÑA, 2018.

Además, los paises del antiguo G8 puntúan bajo a España en estos aspectos*:

La opacidad es el reflejo del alma

↓ ÉTICA Y TRANSPARENCIA

I + NADA

↓ TECNOLOGÍA E INNOVACIÓN

Cacarlamento
Política...ca

↓ ENTORNO INSTITUCIONAL Y POLÍTICO

Tapas de plástico a la romana

↓ USO EFICIENTE DE RECURSOS

Y, por último, la mayoría de la comunidad internacional piensa que España está muy bien para ir de visita, pero no para vivir.

* Country RepTrak®, 2018.

Para ver cómo se forman los estereotipos, pásate por la otra parte del libro.

¡Sí! Más estereotipos...
Lo estoy haciendo
por tu bien

Además de
los estereotipos extrafronterizos
(cómo los ven los de allí)
también existen un montón
de estereotipos intrafronterizos
(cómo se ven entre ellos)

Completa

El mapa español
de los estereotipos
y comparte
#GentedealliGentedeaquí

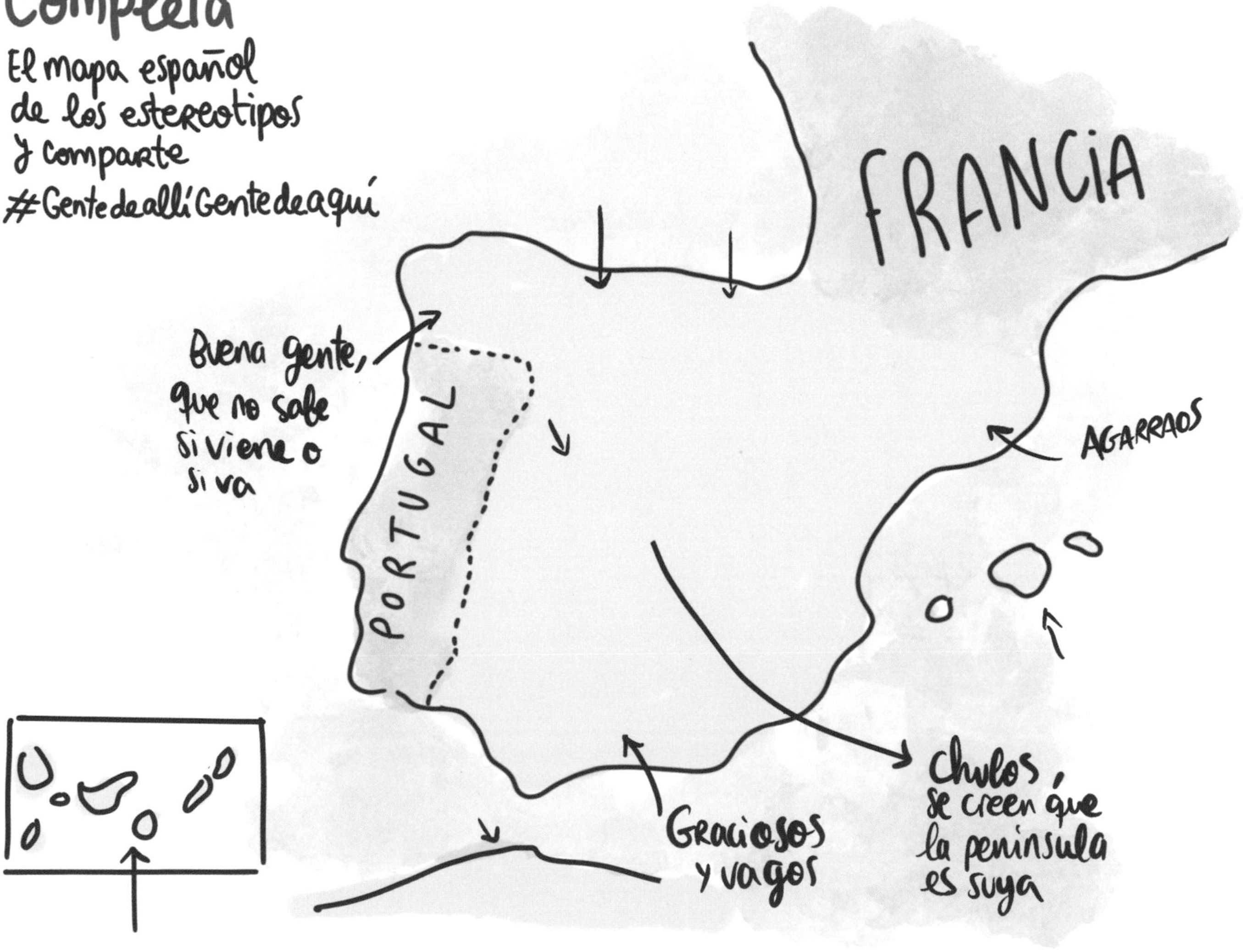

FRANCIA

Buena gente,
que no sabe
si viene o
si va

PORTUGAL

AGARRAOS

Graciosos
y vagos

Chulos,
se creen que
la peninsula
es suya

Vamos, que los estereotipos afectan a todos,
seas quien seas (afectan a todos, pero no por igual).

{4}

CÓMO SE SIENTEN Y SON

¿Blancos? ¿Mediterráneos? ¿Orgullosos de ser españoles? ¿Aceite de oliva y tortilla?

BLANCOS... PERO POCO

Yo creía que era blanca, hasta que me mudé a EEUU. Ahí me ven como "hispana"
No me siento identificado con "blanco", mejor "mediterráneo", me parece más inclusivo

La blanquitud en España es un tema raro... Al haber tanto mestizaje en la población española durante siglos y siglos, no se puede asociar solo a un color de piel, sino también a tener más privilegios que otras poblaciones que viven en España. Pero, curiosamente, cuando salen fuera de España, descubren con sorpresa que no son considerados "blancos" por otros países, más bien marrones o aceite de oliva.

De nuevo, esa interesante asignatura llamada: Historia de España.

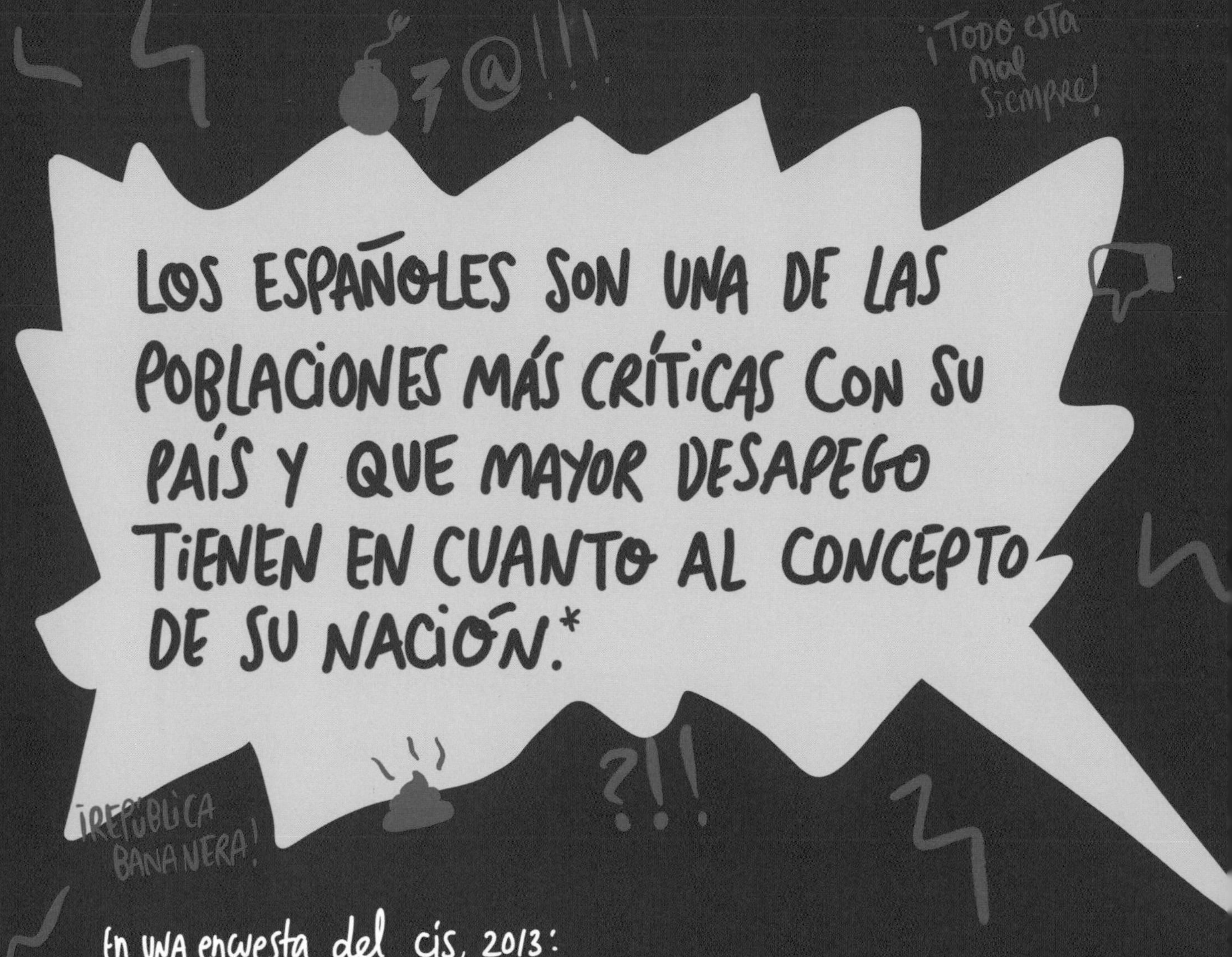

LOS ESPAÑOLES SON UNA DE LAS POBLACIONES MÁS CRÍTICAS CON SU PAÍS Y QUE MAYOR DESAPEGO TIENEN EN CUANTO AL CONCEPTO DE SU NACIÓN.*

¡Todo está mal siempre!

¡República bananera!

En una encuesta del CIS, 2013:
Si hubiera una guerra, solo el 16 % defendería el país, el resto o no quiere o no sabe, no contesta. ¿Hay tanto pacifista hippie? No sé yo, eh…

* COUNTRY REPTRAK®, 2014.

TYPICAL SPANISH QUEJA

QUEJAS DE AUTÓCTONOS DESTINADAS A QUE EL INTERLOCUTOR TAMBIÉN SE QUEJE... EN CASO CONTRARIO, LA POLÉMICA ESTÁ SERVIDA.

"ES QUE EN <u>otro país que me mola</u> ← Berlín como medida de todo entre los millennials españoles

HAY <u>esta cosa guay como renta universal</u>

Y AQUÍ NO HAY NA, SOMOS UN PAÍS DE PANDERETA".

"<u>Gestión de algo: covid, inmigración...</u> LO HAN HECHO FATAL, ES QUE MENUDA MIERDA DE POLÍTICOS".

Quejarse del país está socialmente aceptado entre la gente de aquí.

Una podría pensar que a los españoles no les gusta su país, pero para nada...

Las críticas y el aparente desapego contrastan mucho con:

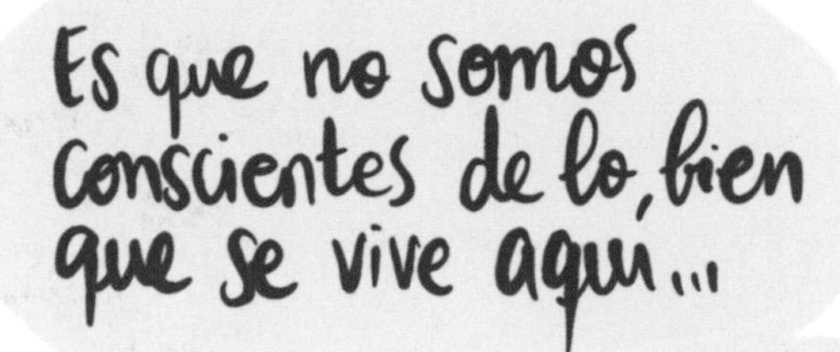
Es que no somos conscientes de lo bien que se vive aquí...

Como en España, en ningún sitio...
¿Allí lo hacéis así? En España lo hacemos asán, ¡y es mejor!

Todo puede ser dicho por la misma persona que critica.

Pese a todo el cacao político y la gran afición de toda la población a quejarse del estado del país (en serio, en mi larga vida, no he conocido a una sola persona que no lo haga),

LOS ESPAÑOLES SON GENTE <u>MUY ARRAIGADA</u> Y CON MUCHO AMOR A SU TIERRA, AUNQUE ALGUNOS <u>NO SE DEN CUENTA</u>.

Mis amigos españoles me preguntan: ¿Por qué los estadounidenses sois tan patriotas? Aquí no somos así... pero luego, they are like:
la mejor comida, la española,
donde mejor se vive, en España,
all the best, in Spain...
why?

MIT

Les pedí a 937 españoles* que autoevaluaran su arraigo en una escala del 1 al 10:

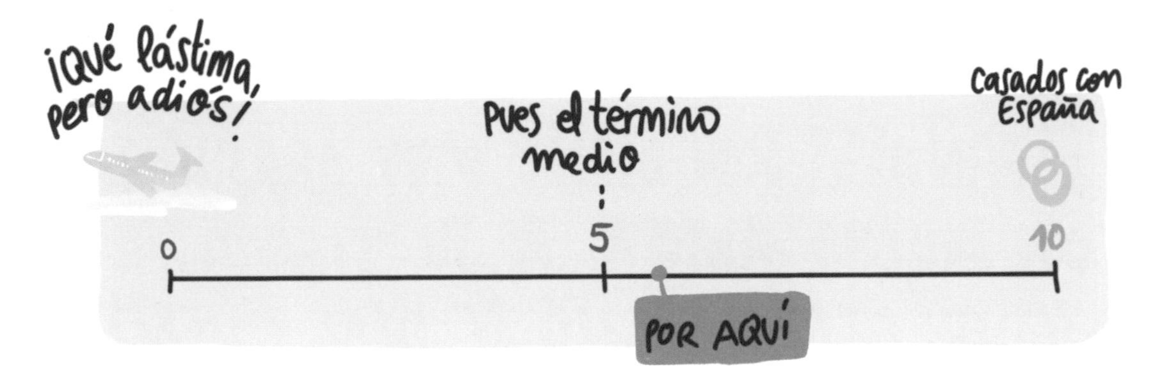
¡Qué lástima, pero adiós!
Pues el término medio
Casados con España
0
5
10
POR AQUÍ

La media fue

5,3 ARRAIGO

PUES NI TANTO NI TAN POCO... ¿NO?

* Encuesta de elaboración propia, 2020.

Pero...

¡OH! ¡SORPRESA! LA GENTE NO QUIERE IRSE...

LOS CONSECUENTES CON SUS QUEJAS

solo el **2,8 %** DEL TOTAL ENCUESTADO

SE QUIERE IR DE FORMA PERMANENTE DE ESPAÑA

la emigración en potencia

¿Y quiénes se fueron?

En navidades siempre vuelvo, como el turrón

12,2 % DEL TOTAL ENCUESTADO

SE FUERON Y SIGUEN FUERA DE ESPAÑA

Emosido Emigrado

Luego están los que quieren pasearse...

Volvería de orgasmus sin dudarlo

55,8 % **¿IRSE? SÍ, PERO CON BILLETE DE VUELTA**

Los exploradores

* ENCUESTA DE ELABORACIÓN PROPIA, 937 encuestados.

DATE:
WHENEVER, WHEREVER
TO
SPAIN
FROM
FAR AWAY
SEAT
11

Además,
la mayor parte de los
que se fueron quiere
volver
(a vivir, no de paso).

→ 64,9% de los encuestados que viven fuera

ADEMÁS, ENTRE LOS QUE VIVEN AQUÍ ESTÁN

LOS ULTRAARRAIGADOS

UNA GRAN PARTE QUE, POR NO MUDARSE, NI SE HA MUDADO DE LA COMUNIDAD AUTÓNOMA EN LA QUE NACIÓ (61,1%), Y A LA QUE NO LE INTERESA LO MÁS MÍNIMO IRSE FUERA, NI TEMPORALMENTE SIQUIERA (39,3%).

-CONFINACIÓN VOLUNTARIA-
Si yo aquí estoy genial, ¿a dónde me voy a ir?
Aunque mi trabajo esté mal pagado... y mi alquiler caro, es mi HOGAR

Y digo yo:
Si la gente no se quiere ir
y la mayoría de los que se van
quiere volver,
por algo será...

(Bajo me parece un 5,3 de arraigo).

Y SIN EMBARGO, pese a SU amor a la tierra (A VECES ESCONDIDO), no todos se sienten cómodos ni se identifican con "SER español"*

Soy de papá y mamá... Bueno, a mamá la quiero un poco más ♥

El sentimiento mayoritario es de doble identidad: España + su comunidad autónoma.

Yo soy de mi mami, ojalá se divorciara.

EXCEPTO

En el País Vasco, Navarra y Cataluña, donde se sienten más (y algunos únicamente) de su comunidad autónoma.

¡Mi padre es el mejor! Le quiero muuuuchooo

Y...

en Melilla, donde la mayoría (75%) sí se identifica con la nación y no con la comunidad.

*CIS, 2013.

Esta diferencia en la manera de sentirse no es ni buena ni mala, nadie te puede decir cómo te tienes que sentir.

SIENTES Y YA.

Pero aquí causa mucho conflicto.
(Política y esas cosas, ya sabes).
(¿Pasaportitis?, quién sabe...).

Dependiendo del círculo de amigos en el que me mueva, puedo decir o no que estoy orgulloso de ser español sin entrar en discusiones.

{5}

SU RELACIÓN CON LOS DE ALLÍ

PUES RELACIÓN RELACIÓN, MÁS BIEN POCA

En general, la mayor parte de la población española se junta con españoles.

Un 77%* tiene muy pocos o ningún amigo que no sea español.

Pues no me había dado ni cuenta, es verdad que todo el grupo de amigos somos españoles...
Yo sí tengo amigos de fuera, de cuando mi Erasmus
Bueno, es que realmente por nuestra ciudad la mayoría somos españoles

* Encuesta de elaboración propia, 2020.

EN CUANTO AL RACISMO...

fuckity fuck racistas

LES INDIGNA Y ENFADA EL RACISMO (71,8% encuestados)

(TAMBIÉN LES APENA)

escala del 1 al 10 de autoimagen en racismo

Y NO SE CONSIDERAN RACISTAS

2,6 MEDIA*

(2,2 MEDIA, CIS, 2017)

Pero admiten que pueden tener sesgos y actitudes racistas inconscientes.

Cada año aprendo más, pero es difícil
no pretendía ofender

*Encuesta de elaboración propia, 2020.

PERO...

SÍ, SÍ...
YA VERÉIS LA
RISA...

SI NADIE SE CONSIDERA RACISTA, POR LÓGICA, EL PAÍS EN EL QUE VIVEN, TAMPOCO. ¿NO? PUES NO.

¡Este país es muy racista! Y sí, tristemente tengo amigos que tienen actitudes racistas... solo hay que ver dónde está Vox, ¡así va el país!
(Empieza queja autóctona)

→ 97,6% opina que el racismo está presente o muy presente en España.

→ 89,4% tiene amigos con actitudes racistas.

El páramo del debate estéril
el gran lago de la discordancia racista...
¡ERES TÚ!
¡NO SOY YO! ¿CÓMO VOY A SER YO? ¡ERES TÚ!

Bueno, bueno... está claro que algo pasa con esto, el racismo lo practican las personas, no las mesas camilla. Vamos a indagar...

¿QUÉ ESTÁ PASANDO?

No me interesa...

Que la peña racista de verdad no ha sido encuestada (BECAUSE REASONS).

¿Racista yo?
Naaaa...

Que la gente se considere poco o nada racista, pese a que en realidad lo sea.

Que el racismo no exista (OJALÁ, REZO PARA ESTO, así os lo digo).

Tu opinión:

____

#GentedeallíGentedeaquí

LA REALIDAD ES QUE HAY IDEAS, SESGOS Y ESTEREOTIPOS QUE HAN AFECTADO A LA PERCEPCIÓN Y MANERA DE RELACIONARSE CON LOS MIGRANTES DE FORMA CONSCIENTE E INCONSCIENTE.

Ejemplos:

Hay mucha gente que piensa que los migrantes abusan de la atención sanitaria gratuita*, que reciben más ayudas que los españoles con mismos ingresos**, etc.
Obviamente, estas ideas impactan a la hora de relacionarse.

Solo tenemos los informes médicos en chino y suajili. Si a este centro no vienen españoles...

SANIDAD
* 51,1% OPINA ESO.

AYUDAS
** 52,5% OPINA ESO.

DATOS: CIS, 2017 - ACTITUDES HACIA LA INMIGRACIÓN

→ AL DATO ~49% opina que la imagen de migrantes en los medios es mala o muy mala. ¿Manipulación?

?
?
?

¿Significa esto que Racismo para todos?

—

Pues... no es tan sencillo, STOP al Reduccionismo, please.

Para entender mejor la situación, volvamos atrás. Otro breve repaso histórico

De emi- a inmi-

Cómo España pasó de ser un país de emigrantes a recibir inmigrantes en el siglo XX

PORQUE QUIEN NO APRENDE DE LA HISTORIA ESTÁ CONDENADO A REPETIR LOS MISMOS ERRORES.

1950 [*]

campechanos todos

SOBRE LOS 50, ESPAÑA ERA MAYORITARIAMENTE UN PAÍS AGRARIO Y EMIGRANTE, LA INMIGRACIÓN ERA CUANTO MENOS... ANECDÓTICA.

boom!

pts pts

En las décadas siguientes cambiaron muchas cosas:

- Boom económico y de bebés
- La gente de aquí fue dejando de emigrar

la morisió...

- Fallecimiento de Franco, y comienzo de la democracia

1980

yaaaasss

- España entró en la UE

... Y CON ESTOS CAMBIOS,

España se convirtió en un país atractivo al que emigrar sobre los 80.

A PARTIR DE LOS 80 ES CUANDO EMPEZÓ A CRECER LA INMIGRACIÓN COMO LA CONOCEMOS HOY.

2020

* COLECTIVO IOE, 2003.

lo que argumentan los sociólogos Alejandro Portes y Rosa Aparicio es que España pasó en muy poco tiempo de tener casi ningún migrante a tener una concentración importante.

Y que, para el poco tiempo de ajuste, la aceptación de la población migrante ha sido suave por parte de la sociedad receptora: no se han registrado guetos violentos ni significativas muestras de población reactiva.

(DISTURBIOS GRANDES)

Reactiva = enfadada y violenta

NO MUCHO TIEMPO...
+
MIGRANTES...
=
BUENOOO...

Que no esté mal ¿es que está bien?

? ?

¡Pero, ojo!

Esto no quiere decir ni que estará bien siempre ni que se haya hecho de forma perfecta. La sociedad es algo vivo y evoluciona, y puede ser para mal...

Conclusión

En relativamente poco tiempo, España pasó de tener ninguna o poca población migrante a tener una población migrante importante
(Ni una generación entera llevamos).

La población sabe que hay cosas que no están bien, pero la mayoría no sabe exactamente qué.

De momento, la acogida aquí es suave si la comparamos con otros países.

Pero a ver cómo evoluciona esto...

¿Y AHORA?

Ya sabemos un poco de teoría para poder empatizar mejor, aun así, nunca están de más algunos ejemplos prácticos...

– Bonus CHAPTER –

Socialización

Pequeños consejitos para socializar mejor con los españoles

LA FRIENDLY PEOPLE

La gente de aquí es amistosa y cercana de forma general. El espacio personal es más pequeño que, por ejemplo, en EE.UU. o los países nórdicos.

Además, la escala de coger confianza es muy rápida:

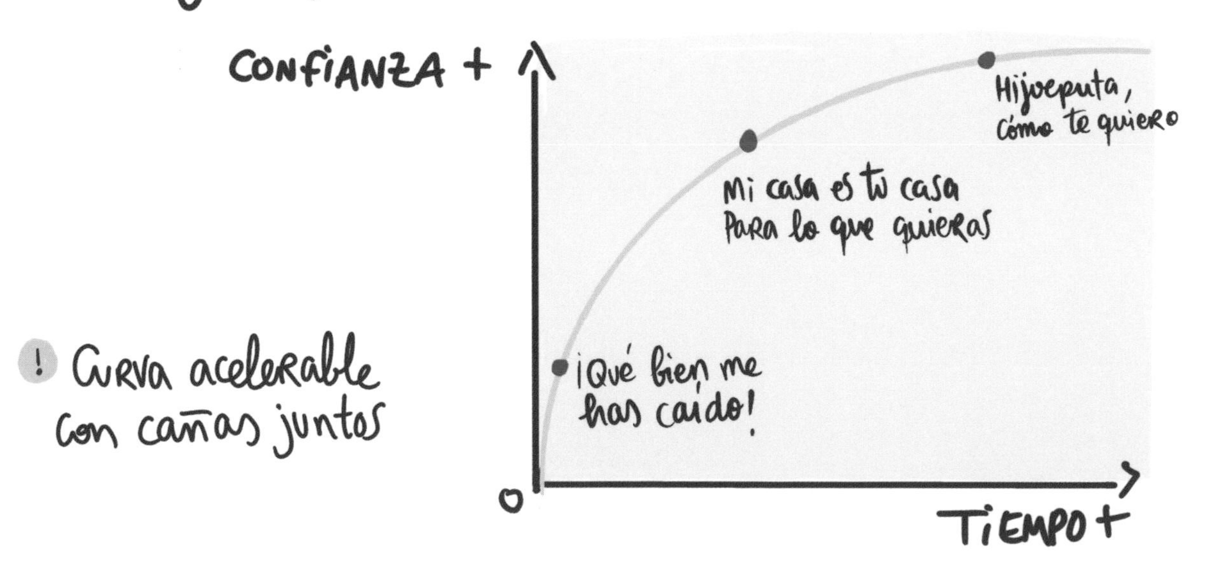

CONFIANZA +
Hijoeputa, cómo te quiero
Mi casa es tu casa
Para lo que quieras
¡Qué bien me has caído!
0
TIEMPO +
! Curva acelerable con cañas juntos

INTERACCIONES TÁCTILES Y ESPACIO PERSONAL

(TODO ESTO ERA LO NORMAL PRE-COVID, SI HA CAMBIADO PARA NO VOLVER, QUE QUEDE AQUÍ PARA EL RECUERDO).

Aquí estan normalizadas ciertas interacciones donde la gente se toca, para saludar o expresarse.

¡mua, mua!

2 BESOS PARA SALUDAR o mejilla con mejilla

TOQUECITOS EN HOMBRO, CODO O BRAZO

DAR LA MANO en el ámbito laboral es donde más se lleva

¡Holi!

1º Agitar mano. Si hay confianza: + ABRAZOS + BESOS

Aquí están acostumbrados a las distancias cortas...

NO MUCHO ESPACIO PERSONAL...

¿BLA?
¡BLA!

La conversación banal

DONDE DIJE DIGO... IGUAL DIGO DIEGO

El sol sale de nuevo...

PUES SE HA QUEDADO BUENA TARDE

La climatología cambia todos los días, fuente inagotable de frases para llenar silencios.

Tortilla...
¡mejor con cebolla!
Sin cebolla y cuajada
¡ew! eso es suela de zapato

QUÉ BIEN SE COME EN...

Sí, los españoles estan muy orgullosos de su gastronomía, encantados de recomendar y opinar sobre comida y sitios.

¡VIVAN LOS PANDEMIALS!

JOER, LA CRISIS POST-COVID

Temática de nueva adquisición. Todo el mundo pregunta sobre esto lo primero.

COSAS NO TAN ACERTADAS PARA CONVERSAR EN PRIMERA INSTANCIA

MONEY, MONEY, MONEY

Aquí es algo maleducado hablar del dinero de forma explícita. Sueldos, alquileres o incluso alguna prenda en rebajas. La coletilla "si no es indiscreción" suele acompañar a preguntas relacionadas con el dinero.

POLÍTICA

En ambientes laborales se omite (¿para qué discutir más en el trabajo?). Y en el ambiente personal al hablar de política se discute SIEMPRE.

ESTEREOTIPOS VARIOS: TOROS, FLAMENCO...

Ni a todos les mola ni bailan flamenco... Pues eso, Nein al estereotipo.

ESPECIALIDADES

Hay muchos lugares para socializar,
pero los BARES tienen una mención especial.
Punto de encuentro principal: citas, cumpleaños, rupturas, gabinetes de crisis... TODO, VAYA.

¿Que si me gustan los bares? Evidentemente.

LOS DOBLES SENTIDOS:

¿NOS TOMAMOS UN CAFÉ?

QUIERO VERTE

¡VÁMONOS DE CAÑAS!

QUIERO VERTE Y PASARLO BIEN

¿LA ÚLTIMA?

QUIERO QUE SUBAS A MI CASA

Si hay algo que destaca en
la gente de aquí, es que es

acogedora

Como todos, cometen torpezas...
PERO con un poco de ganas de
entenderse, es fácil descubrir que
en el fondo no somos tan diferentes...

UN ESPACIO COMPARTIDO

El ser humano siempre ha estado migrando de un lado a otro:

Nómadas
cazadores recolectores
~ hace 10 000 años

Otra crisis... Pues toca irse de nuevo...

Nómada
millennial
- actualidad

Ser de aquí o de allí no es algo fijo, ya que todos los que se mueven, viajan o migran pueden ser hoy de aquí y mañana de allí.
España no hace ni un siglo que era emigrante, y hoy en día parece que algunos lo olvidaron. (¿Holi, discursos xenófobos y racistas de ciertos partidos políticos y sus seguidores?).

Vivimos en un mundo en el que es muy fácil migrar, viajar y explorar si lo comparamos con antaño:

¡EL BARCO MÁS RÁPIDO, DECÍAN!
¡SERÁ DIVERTIDO, DECÍAN!
TITANIC
ME RAYO, PUES ME VOY AL ESPACIO A DESPEJARME
SPACE X
SPACE X
1er VUELO ESPACIAL PRIVADO

En este contexto, ¿sigue teniendo sentido el concepto "ser de" que tenemos?
"Ser de aquí o de allí" como si fuera definitorio, excluyente o legitimante de derechos y libertades.

"Ser de aquí o de allí" es un añadido a la riqueza de nuestra persona, no debería ser piedra angular.

La sociedad no es un producto finito. Los que habitamos en ella estamos vivos y evolucionamos, y por ende, la sociedad también va cambiando.
Lo que entendemos hoy en día por ser español y ser migrante está cambiando (familias interraciales, los mal llamados inmigrantes de 2.ª-3.ª generación, etc.) y nos encontramos en una encrucijada, el momento de decidir hacia dónde queremos ir como sociedad.

Viendo lo que pasa en los países de nuestro alrededor, desde el auge de la extrema derecha en países europeos al #BLM en EE.UU., ¿dónde queremos situarnos la sociedad española?

¿QUEREMOS SER UNA SOCIEDAD INCLUSIVA O EXCLUSIVA?

¿ACOMPAÑAR A LOS CAMBIOS O RESISTIRNOS A ELLOS?

¿HACER OÍDOS SORDOS O ESTABLECER NUEVAS VÍAS DE DIÁLOGO?

Es el momento de explorar

un nuevo nosotros

Un nosotros que incluya la diversidad cultural de las personas que forman parte de la sociedad española, un nosotros que no se "tolere", sino que nos tratemos, nos miremos y dialoguemos como iguales porque queramos lo mismo...

Un nosotros con un objetivo común

vivir y convivir

en este espacio compartido,

al que llamaremos

hogar.

Quan Zhou, ensayista de salón

Agosto 2020

UN ESPACIO COMPARTIDO

Inicio del capítulo por el otro lado

En mi vida como descendiente asiática
en España descubrí que,
aun con todas nuestras diferencias,
con un poco de ganas de entenderse
es fácil descubrir que
en el fondo no somos tan distintos.

y siempre siempre siempre
ante la duda

PREGUNTAD

el "¿te ofende...?" de hoy te hará
ganar amigos mañana.

Así que ¿incorrección política? Depende de quién y depende de cómo y cuándo. ← sentido común por otra parte

Con lo cual ¡STOP GENERALIZACIÓN! Lo que ofende o hace sentir mal a una persona a otra le puede dar totalmente igual. No podemos extrapolar lo que un amigo nuestro dice o prefiere a todo un país/ etnia/colectivo, etc.

Pues yo tengo un amigo chino y dice que a él no le molesta que le digan "el chino"
...
¿Soy yo tu amigo el chino?
¡Me podrá molestar lo que me salga del toto!

¿Por qué? Nos relacionamos de manera distinta según el grado de intimidad que tengamos con una persona. Cuando tienes una relación estrecha, sabes de sus gustos, sueños, humor, etc. Y lo más importante, la naturaleza de la relación hace que negociéis cómo queréis ser tratados.

...
llamar
PUTA
+
pegar
PLAS
= X
Pelea física
SLUTSHAMING
Violencia
todo mal

ME GUSTA QUE EN LA CAMA ME LLAMES PUTA Y UNOS AZOTITOS Y LUEGO DARTE YO ♥

→ llamar PUTA + pegar PLAS = ✓

Acuerdo entre dos partes en un círculo íntimo

ESFERA PRIVADA

¿Qué pasa con los chistes, disfraces, motes y demás entre amigos y conocidos?

De nuevo: TODO DEPENDE.

Es imprescindible tener en cuenta la

INTIMIDAD

Situación en la que hay una relación cercana amistosa, amorosa* o familiar.

ÍNTIMOS AMIGOS

¿ESE QUIÉN ES?

MMM ¿EL FONTANERO?

NO ÍNTIMO

HOLI

* CAMBRIDGE DICTIONARY.

Llamadme loca, pero si los medios y personas influyentes asumieran la responsabilidad de que lo que dicen tiene grandes consecuencias (incluso crimenes de odio en algunos casos), ¿cuidarían más lo que dicen y la corrección política? Pregunto.

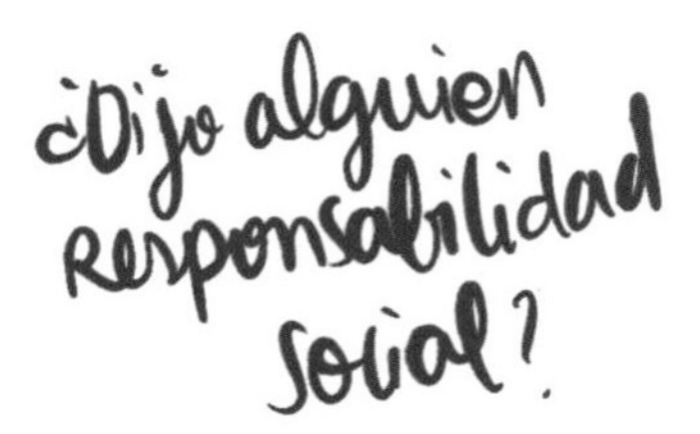
¿Dijo alguien responsabilidad social?

¿YO QUÉ IBA A SABER QUE LA GENTE SE IBA A PONER A AGREDIR? SOLO SOY UN PRESIDENTE DE UN HUMILDE PAÍS...

ESFERA PÚBLICA

Trump empezó a llamar al Sars-CoV-2 "virus chino" públicamente. Decía que era correcto porque el virus se originó en Wuhan (ojo, la OMS dice que si asociamos una etnicidad o país al nombre del virus generaremos discriminación). Y tras legitimar este señoro el término, se multiplicaron en EE. UU. exponencialmente las agresiones físicas y verbales contra la población asiática y asiático-americana.

Podéis ver ejemplos si buscáis "chinese virus, hate crimes"!

Virus chino y Kung-flu
son términos correctos,
nada racistas y respetuosos...
como mis huevos naranjas

¿Qué hacemos? ¿Intentar que nadie se ofenda? ¿Es eso posible?

¿Y mi libertad de expresión? ¡No se ofende quien puede, sino quien quiere! ¡Ojú con los ofendiditos!

Ejemplo de abrumadora falta de empatía...

No hay una fórmula mágica para abordar esto, tenemos que ver el contexto, emisor y receptor de los mensajes. Teniendo eso en cuenta, vamos a ver dos ejemplos:

ESFERA PÚBLICA Y ESFERA PRIVADA.

↑ medios, famosos, políticos, etc.

↑ Tú y tus amigos

LA CORRECCIÓN POLÍTICA

Dícese del lenguaje usado para no ofender (u ofender lo menos posible) a otras personas por cuestiones de género, raza, orientación sexual, etc*.

CORRECCIÓN POLÍTICA

Apodos, chistes y mucho más...

BLA BLA BLA

INFLUYE

contexto e historia
maleta de cosas

Es un tema complejo que está en constante evolución: lo que es políticamente correcto aquí allí puede no serlo, algo puede ser políticamente correcto si lo dice una persona y no tan correcto si lo dice otra persona...

Ejemplo: Dirección del humor, si un rico hace chistes despectivos sobre pobres suele estar feo...

¡¿Cómo?! ¿No puedo hacer chistes sobre esclavitud?

* Cynthia Roper, "Political Correctness", 2020.

LOS PIROPOS DE DOBLE FILO

Cuando la necesidad de apreciar nubla el sentido común:

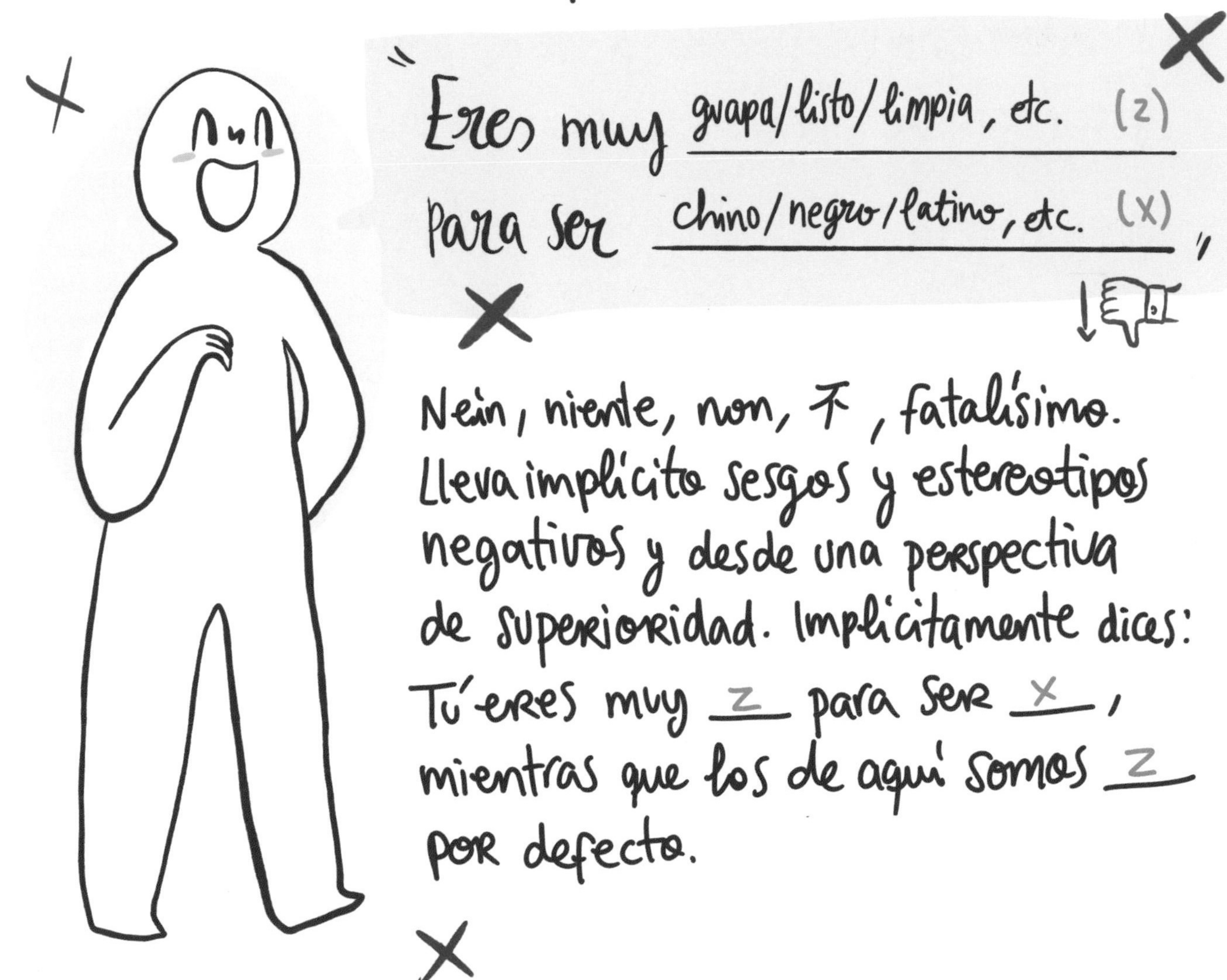
"Eres muy guapa/listo/limpia, etc. (Z)
para ser chino/negro/latino, etc. (X)"
Nein, niente, non, 不, fatalísimo.
Lleva implícito sesgos y estereotipos negativos y desde una perspectiva de superioridad. Implícitamente dices:
Tú eres muy Z para ser X, mientras que los de aquí somos Z por defecto.

IMPORTANTE: No todos los migrantes (+ DESCENDIENTES) reaccionan de la misma manera al hablar de su etnicidad (pueden haber sufrido mucha discriminación o sentirse muy a gusto con su etnicidad), por eso es importante dar espacio para que decidan si se sienten cómodos o no contestando.

Algunos patrones de respuesta:

HIPERSENSIBILIDAD

"TODO LO RELACIONADO CON LA RAZA/ETNIA DEBERÍA SER INVISIBLE Y YO NO SOY TU POZO DE CONOCIMIENTO."

HIPERPASOTISMO

"TÍO, Y YO QUÉ SÉ... PREGÚNTALE A GOOGLE."

RESIGNACIONISMO

"POR QUINCUAGÉSIMA VEZ... NI SOPA DE MURCIÉLAGO NI PANGOLÍN, EN CASA COMEMOS POLLO."

¿Y ENTONCES? ¿NO PREGUNTAMOS?

A ver... ¡sentido común! La solución es NO AVASALLAR.

Respetar los tiempos de la otra persona en las conversaciones, para que se sienta cómoda. Cuando eso pasa, normalmente uno suele ir contando cosas de sí mismo, con lo cual, da pie a indagar más de forma fluida.

DAR ESPACIO + TIEMPO = ✓ (esto es aplicable a tooooodo el mundo)

AHORA QUE MENCIONAS A TU FAMILIA...
¿DÓNDE VIVEN?...
¿TE IMPORTA SI PREGUNTO POR ___?

VS

¡CUÉNTAME TODO SOBRE TU CULTURA AHORA!
¿SOIS ASÍN, ASÍN Y ASÁN?
¡ES QUE ME INTERESA MUUUUCHO!

EL INTERÉS ÉTNICO-RACIAL-INTERNACIONAL

Wow, sí, esta persona es de una cultura muy distinta y hay muchas cosas que quieres saber y preguntar...

¿PERO DE DÓNDE ERES REALMENTE?
¿DE QUÉ TAMAÑO TENÉIS EL PENE LOS NEGROS?
¿COMÉIS PANGOLÍN?
¿Y COMES COMIDA DE TU PAÍS?

Un poco-mucho avasallador de primeras, ¿no crees?

Pero, ojo, para el carro un momento...

INTENCIÓN saber más de la otra persona y su cultura.

EJECUCIÓN Preguntas disparadas sin ton ni son (y con sesgos y estereotipos incluidos).

EL SALUDITO ÉTNICO

Una cosa es hablar el idioma del interlocutor, y otra la chungui-imitación graciosa...

NI JAO, GUAPI, JE JE

Hola, ¿Qué Tal?

你好吗?

Uffffff... Qué cansino ya, porque lo ha hecho todo el mundo SIEMPRE. Tanto que el cansinismo de quienes lo reciben ha subido de manera exponencial.

*EXCEPCIÓN: si es tu colega, hay confi y le hace gracia, pues ¡avanti!

LAS MIRADITAS

Cuando alguien atrae nuestra atención, miramos...
y luego queremos hablarle... pero, ¡ey!, cuidao...

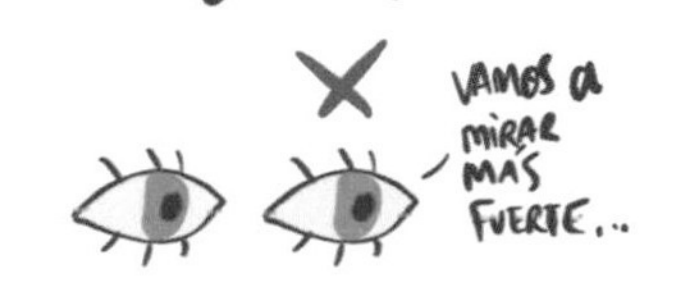
VAMOS A MIRAR MÁS FUERTE...

MIRAR FIJAMENTE

MIRAR Y SEÑALAR

UNOS JA-JAS SIN MALDAD

MIRAR, SEÑALAR Y REÍRTE...

EJEM, <u>TODO MAL</u> POR OBVIAS RAZONES.
Los migrantes son personas como tú y yo, y ser observado solo por ser diferente llega a ser muy cansino...

MIRAR UN POCO (SALUDAR, SI PROCEDE) Y SONREÍR

Lo normal, vaya. Puede ser que empieces a entablar una amistad, puede que no, pero al menos tú has sido educado.

– BONUS CHAPTER –

Socialización

Pequeños consejitos para socializar mejor con los migrantes y sus descendientes

¿Y AHORA?

Ya sabemos un poco de teoría para poder empatizar mejor, aun así, nunca están de más algunos ejemplos prácticos...

- hiraeth -

del gaélico

(HEER - eye - th)

Gran nostalgia o añoranza hacia un lugar que ya no existe.

Mención especial

THE FROZEN EFFECT*

ARRAIGO CON-GE-LADOOOO...
colorante, estabilizante... azúcar, sal y vinagreee

Ocurre cuando los migrantes llevan tiempo viviendo aquí, pero el círculo principal con el que se relacionan son gente de su mismo país: viven aquí como si fuera su país de origen en el momento en que se fueron.

Estas personas sienten arraigo en un espacio congelado en el tiempo. Algo que fue y ya no es.

JURARÍA QUE HE VUELTO A MI PUEBLO... PERO ESTÁ TODO CAMBIADO Y NO CONOZCO A NADIE...

?

*Definición del profesor Min-song.

Hay sitios que en nada
se convierten en hogar,
y sitios que no lo serán
nunca…

La solución es...

NI IDEA

El arraigo no se puede medir por cómo te sabes las costumbres o cómo de bien hablas el idioma local... No hay una fórmula mágica que te diga "en 3 meses ya tendrás arraigo si comes paella todos los domingos".

EJERCICIO PRÁCTICO

¿Quién crees que tiene más arraigo?

A
Esta noche es de PERREO

- Español nivel nativo
- Gran bailarín, mejor persona
- Croqueta lover
- Va a la Iglesia de tanto en tanto

B
K-poper foreva an eva

- Español regulero
- Su fiesta favorita es el año nuevo lunar
- Le encanta el kimchi
- Le flipa el karaoke en salas

RAZONA TU RESPUESTA ______________________________

Comparte ______________________________

#Gentedeallígentedeaquí ______________________________

LA ESCALA DEL ME QUEDO

a mayor arraigo, mayor resistencia a mudarse. Eso es así.

ARRAIGO
+
RESISTENCIA A IRSE
+
Aquí pa siempre
Una temporada sí. Pero luego de vuelta
Si ya no estoy aquí, me fui ayer

No es tan sencillo como "si no te gusta esto, vete". Pueden no gustarme ciertos comportamientos de la sociedad o temas burocráticos, pero como hay tantas otras cosas que sí, y tengo vida, familia, amigos... pues no apetece el irse.

Cuando llevas un tiempito viviendo en un sitio, ocurre...

EL ARRAIGO

Según la RAE: Echar raíces. Establecerse de manera permanente en un lugar, vinculándose a personas y cosas.

Arraigo, cariño, raíces, asentarse. Todo lo que viene a decir que amas y aprecias un sitio por todo lo vivido.

Adoro el bar de la esquina...
el café en casa Paqui...
el rastro...
hasta las meadas de los perros...
I ♥ mi BARRIO

{7}

ARRAIGO

Si no me gusta esto... igual no es tan fácil irse...

lo que entendemos como

INTEGRACIÓN HOY

Definición difusa, políticas inefectivas y cortoplacistas, no se pide lo mismo a todos...

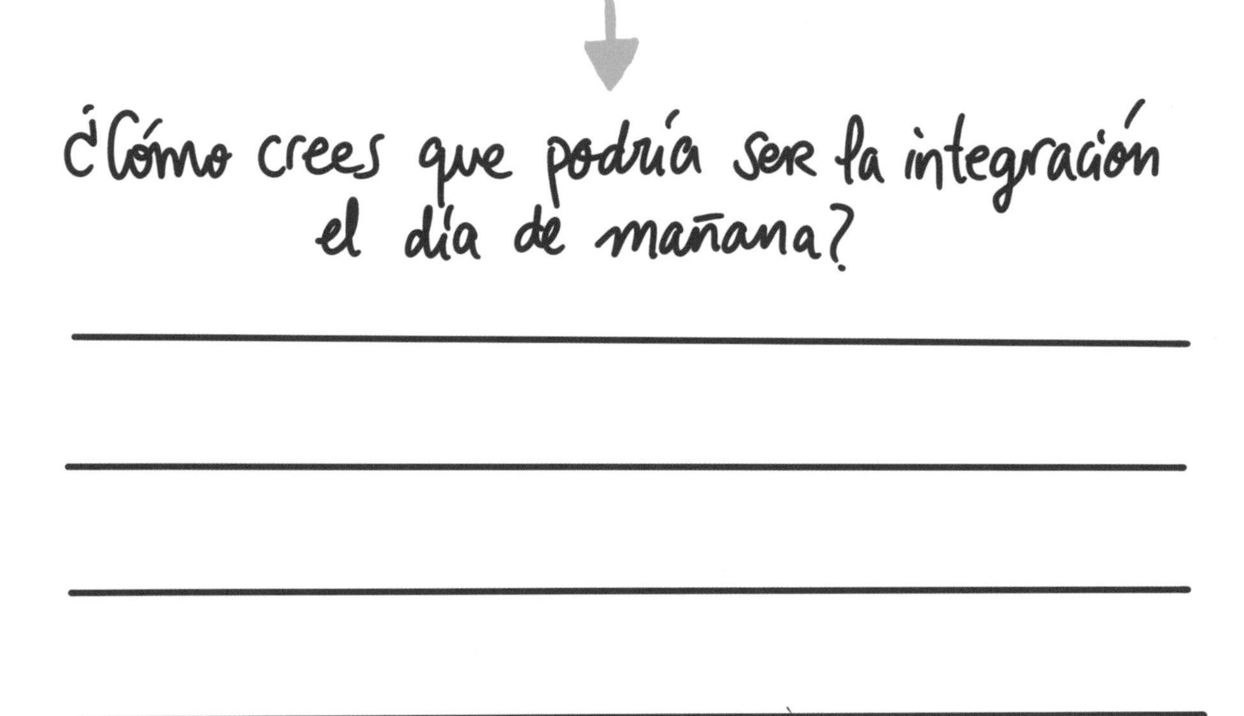
¿Cómo crees que podría ser la integración el día de mañana?

Comparte con hashtag #GentedealliGentedeaquí

Con lo cual

¿Quién se va a integrar cómo?

Sin procesos efectivos, sin especificaciones de qué ni a quién se pide qué...

(Que solo con tener amigos españoles no basta...)

¿integridónde?

Pero aquí hay cierta trampa, la definición de integración es DELIBERADAMENTE ABIERTA*:

1. NO SE PIDE LO MISMO A TODOS LOS MIGRANTES.

2. AUNQUE ES UN ESFUERZO DE LAS DOS PARTES (los migrantes y la sociedad receptora), NO SE HA ESPECIFICADO QUIÉN TIENE QUE HACER QUÉ.

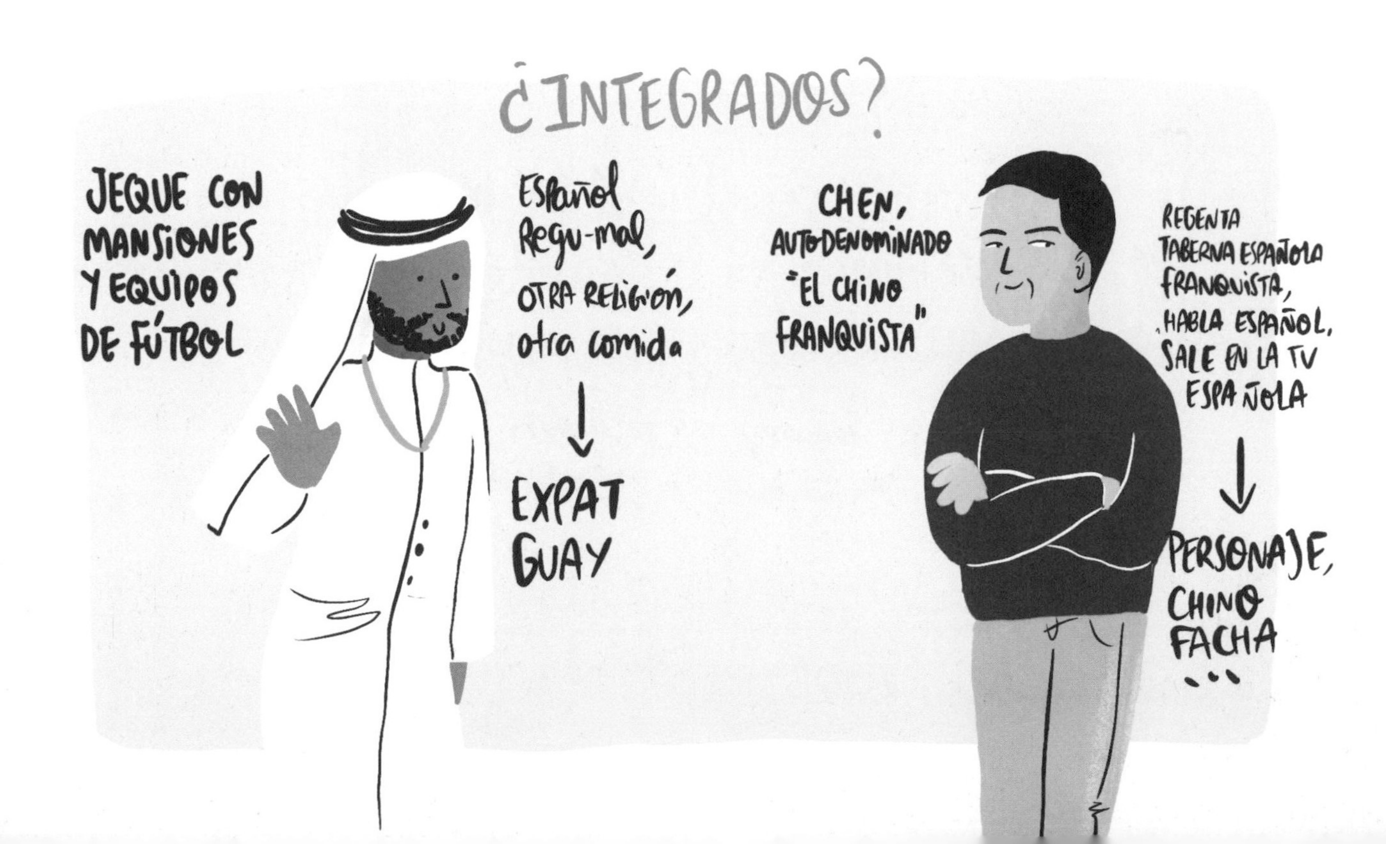
¿INTEGRADOS?
JEQUE CON MANSIONES Y EQUIPOS DE FÚTBOL
Español Regu-mal,
OTRA RELIGIÓN, otra comida
EXPAT GUAY
CHEN, AUTODENOMINADO "EL CHINO FRANQUISTA"
REGENTA TABERNA ESPAÑOLA FRANQUISTA, HABLA ESPAÑOL, SALE EN LA TV ESPAÑOLA
PERSONAJE, CHINO FACHA ...

* Rinus Penninx, 2003.

Ejem, ejem... normalmente confundimos un poco lo que es la INTEGRACIÓN con la ACULTURACIÓN.

¿TENGO QUE CAMBIAR PARA QUE ME QUIERAS?

ACULTURACIÓN

Proceso de asimilación de una nueva cultura y pérdida de la de origen.

¿ME QUIERES AUNQUE SEA DIFERENTE?

INTEGRACIÓN*

Proceso en el cual los migrantes son aceptados en la sociedad receptora como individuales y como grupo.

(Proceso laaaargo por naturaleza, que muchas veces no tiene éxito por las políticas cortoplacistas de los gobernantes).

*Rinus Penninx, 2003.

¿QUÉ CREEMOS QUE ES LA INTEGRACIÓN?

¿Hablar español fluido?
¿Compartir religión?
¿Celebrar las mismas fiestas?

Tu definición

____

____

____

Comparte con hashtag #GentedealliGentedeaquí

QUE HABLEN ESPAÑOL PERFECTAMENTE Y SEPAN NUESTRAS COSTUMBRES

QUE SEPAN TODA NUESTRA HISTORIA Y TAMBIÉN LA VIDA DE BELÉN ESTEBAN, QUE TAMBIÉN ES HISTORIA DE ESPAÑA

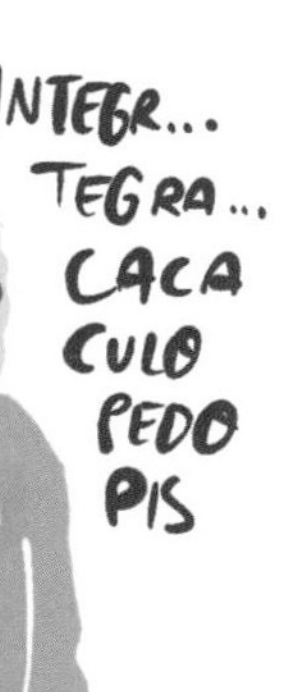
INTEGR...
TEGRA...
CACA
CULO
PEDO
PIS

QUE SE ADAPTEN A NUESTRA CULTURA. NO VAN A PODER HACER LO MISMO AQUÍ QUE EN SU PAÍS

{6}

La integración

mi casa, mis normas… ¿seguro?

toda su vida

HASTA HAY EJEMPLOS BÍBLICOS:
LA MUJER DE LOT MIRÓ ATRÁS
AL DEJAR SODOMA Y SE
CONVIRTIÓ EN ESTATUA →
DE SAL

AY,
¡QUÉ PENA
DEJAR
MI SODOMA...
CON LO BIEN QUE
LO HEMOS PASAO

Quien cruza una frontera
rara vez no se para a
pensar en lo que dejó atrás:

INDEPENDIENTEMENTE DE LA RAZÓN PARA HACERLO, NO DEBEMOS OLVIDAR QUE

EMIGRAR
no es moco de pavo

Vamos allá...
adiós, familia,
adiós, recuerdos,
adiós, gato,
adiós...
Hola, nuevo país,
nuevo idioma,
nuevas costumbres
y espero...
un futuro mejor

UN APUNTE:

EL CALENTITO TEMA DEL TRABAJO

Ese tema que usan como arma arrojadiza ciertos políticos...

YA SE SABE QUE LOS INMIGRANTES VIENEN A ROBARNOS EL TRABAJO, LAS AYUDAS Y NUESTRAS MUJERES...

la realidad es que los migrantes que vienen con un puesto de trabajo cómodo y bueno son una minoría muy pequeña, y son los españoles los que tienen trabajos de nivel más alto.

MENOS LOS QUE VIENEN A COMPRAR CASAS... ¡ESOS NO!

(En la crisis de la COVID-19, hubo episodios de falta de temporeros en el campo, porque no había mano de obra migrante).

89,8%
SECTOR SERVICIOS
NO ALTOS CARGOS

ALTOS CARGOS
9,2% *

* Alejandro Portes, 2014.

Hay mil motivos para que alguien decida migrar una temporada o toda su vida. Veamos un poco los patrones migratorios* más comunes:

POBREZA Y SUPERVIVENCIA

¡ORGASMUS!
¡ASCENSO!

EDUCACIÓN Y MEJORAS LABORALES

BILLETE CLASE TURISTA

INDEPENDENCIA Y EXPLORACIÓN

mi primera vez en el país de mis papis

REENCUENTRO CON ORÍGENES TERRITORIALES

* QUEZADA ORTEGA, 2007.

{5}

¿POR QUÉ VIENEN?

¿Qué quieren?

Vamos, que sí, sí, jaja,
cómo mola la mezcla,
pero luego no tanto...

LA SOCIEDAD
TÚ MÉZCLATE, PERO DE LEJOS. Y PARA CASARTE, MEJOR CON UN PAISANO...
← Esto parece muy antiguo, pero no lo es tanto...

En EE.UU. existe incluso un

DICCIONARIO DE PREJUICIOS ÉTNICOS*

(concebidos como prejuicios, algunos apropiados por la población y desactivados como tales).

OREO

BANANAS

ASIÁTICOS

Amarillo por fuera, blanco por dentro

(yo este a veces lo uso en mis charlas)

MANZANAS

INDIOS

Rojo por fuera, blanco por dentro

COCOS

LATINOS

Marrón por fuera, blanco por dentro

OREOS

NEGROS

Negro por fuera... y sí, blanco por dentro

¿Que por qué comida? Digo yo que porque la gente es golosa...

*HERBST, 1997.

EJEMPLO PRÁCTICO EN PERÚ*

En Perú, la inmigración china lleva ya tiempo (1849 aprox.). A muchos de los que llegaban entonces, al entrar a Perú, el Gobierno les cambiaba el nombre y los apellidos (de "Wei" igual pasabas a ser "Campos"). because ¿tu identidad me da igual?

Y pese a que, con el paso de los años, la mezcla y la hibridación con la sociedad peruana fue muy grande (hay incluso una denominación para la comida fusión asiático-peruana, comida CHIFA), entre la comunidad china se buscaba "pureza".

CHINO + NEGRO

CHINO + PERUANO

CHINO CHINO

− ESCALA DE ESTATUS SOCIAL +

* TUSANAJE es un proyecto muy guay sobre la diáspora china por el mundo. (A la inmigración china en Perú se les llama TUSANES, y a la japonesa NIKKEI).

La realidad histórica es que no siempre han agradado ni gustado ni el mestizaje ni la hibridación.

Parece que las personas siempre hemos buscado una "pureza", aunque esa "pureza" en la realidad no haya existido nunca. Y cuando la interpenetración es muy fuerte (muchos migrantes o mucha mezcla) aparecen en contraposición actitudes antimezcla.*

Solo hay que echar un vistazo a la rabiosa actualidad...

¡AMÉRICA PARA LOS AMERICANOS BLANCOS!

¡ESPAÑA PA LOS ESPAÑOLES DE SANGRE ESPAÑOLA!

¿EZ QUE NO HEMOS APRENDIDO NARA?

*Yolanda Onghena, 2014.

¡Pero!
Aunque la mezcla parezca muy molona, y la biología además nos incite a ello... (todos sabemos que tener hijos con tu hermano no es la mejor idea).

INCESTO EN LA FANTASÍA

SOY LA FUCKING MADRE DE DRAGONES

TARGARYEN + TARGARYEN
INCESTO = HIJOS CON PODERES Y DRAGONES

INCESTO EN LA REALIDAD

A BO BO
CARLOS II "EL HECHIZADO", EL ÚLTIMO HABSBURGO

LOS ENDOGÁMICOS HABSBURGO
ENFERMEDADES + DEFORMIDADES VARIAS
↓
FIN DE LA DINASTÍA

¡OJO!

Íslendingabók → En Islandia, 2013, lanzaron una app para que chequearas si con quien estabas ligando era tu primo o no.
"Con tu primo, no"

Quien dice primo... dice otro parentesco

EJEMPLOS DE GENTE GUAY QUE HE CONOCIDO

(yo, autora, soy andaluchina).

De padres mezclados o de nacer y vivir fuera del país de origen familiar:

¡MAMI! ¡QUÉ ALEGRÍA VERTE!

BANGLADESÍ-CUBANO

CHAVAL MAJÍSIMO QUE ESTUDIABA INTERPRETACIÓN Y TRABAJABA A LA VEZ.

我爱台湾

VASCA-TAIWANESA

COMO YO, PERO AL REVÉS. FAMILIA VASCA, CRIADA EN CHINA. PROFESORA EXCELENTE DE CHINO.

I'm going to drink some tea
y después pisco

BRITISH-CHILENA

ROMÁNTICA Y FOTÓGRAFA. HABLA RÁPIDO Y CON GANAS.

Combinación resultante de la hibridación cultural entre aquí y allí

IDENTIDAD MIXTA

o fluida

IDENTIDAD BICULTURAL ADQUIRIDA A LO LARGO DE LA VIDA, GRACIAS A FACTORES INTERNOS Y EXTERNOS: FAMILIA, FENOTIPO, LOCALIZACIÓN GEOGRÁFICA, CONTEXTO SOCIAL, ETC.

ESTO DA PA MUCHO, OS LO DEJO AQUÍ MUY RESUMIDO.

STOP ETIQUETAS. NI DE AQUÍ NI DE ALLÍ, NI PORCENTAJES NI P... EN VINAGRE
ALGO ASÍ COMO el género no binario, pero con la identidad étnica

"Cuando alguien estudia dos lenguas es bilingüe, suma una a otra. Sin embargo, en el caso de la hibridación cultural el resultado no es la suma de dos culturas diferentes, sino algo totalmente nuevo, distinto.

Por eso resulta tan enriquecedora".

CELIA MARCÉN, SOCIÓLOGA

EL ETERNO AQUÍ Y ALLÍ

Que si con esa cara, que si los apellidos, que si naciendo aquí eres de aquí o no, porque no perteneces a mi cultura... Y mil cosas más (cansinos, que sois unos cansinos).
Para los descendientes de migrantes el dilema "de aquí o de allí" es algo con lo que tienen que lidiar toda su vida, AQUÍ.

¿TE SIENTES MÁS ESPAÑOLA O MÁS CHINA? ¿EN QUÉ PORCENTAJES?

¿HABÍA QUE ELEGIR?
¿CUÁL ES LA RESPUESTA CORRECTA?

¿60% ESPAÑOLA? ¿ESO CÓMO SE MIDE?

¿DESDE CUÁNDO ESO ES CUANTIFICABLE?

RADIOGRAFÍA DE LOS QUE PARECEN DE ALLÍ

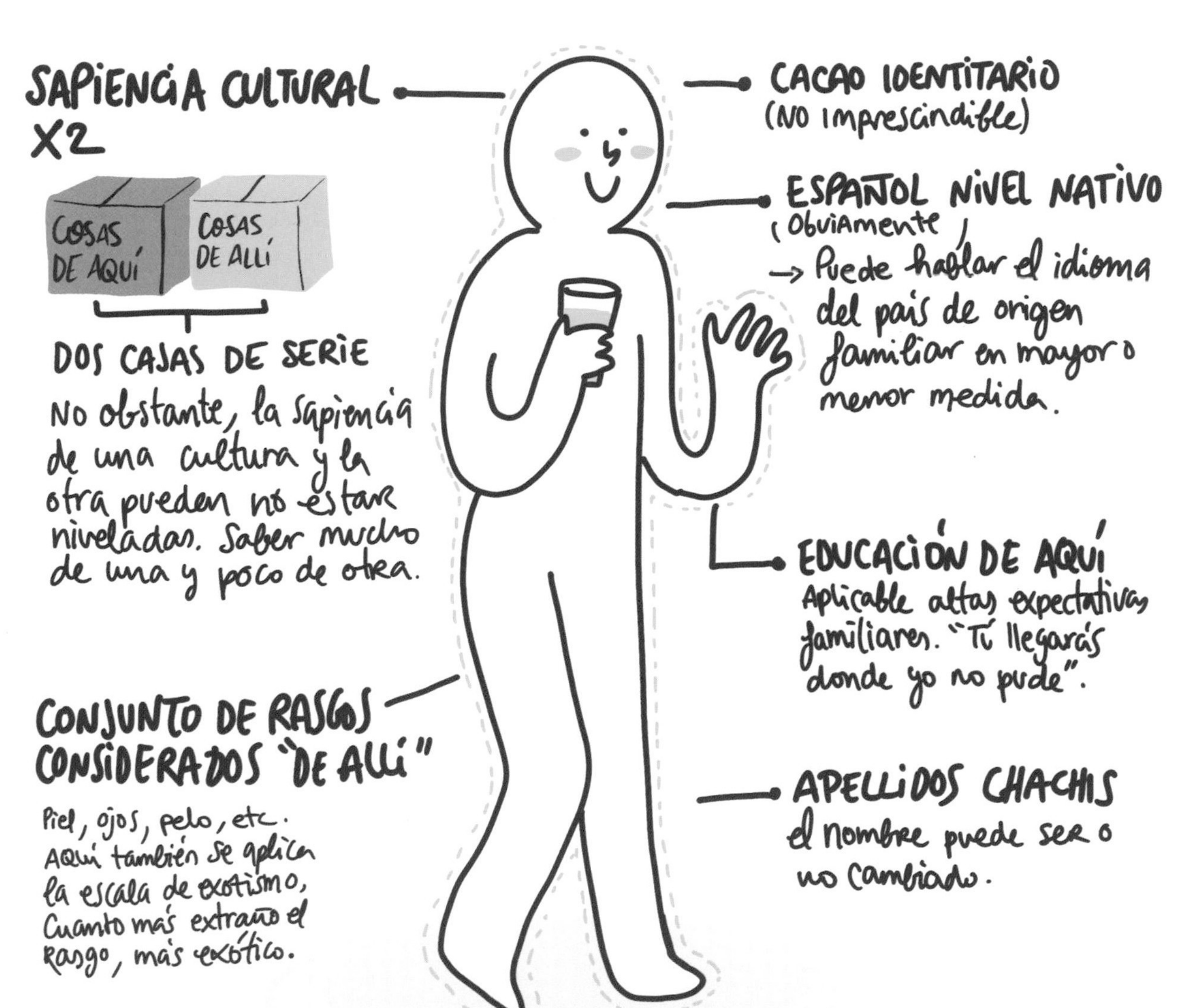
SAPIENCIA CULTURAL X2
COSAS DE AQUÍ
COSAS DE ALLÍ
DOS CAJAS DE SERIE
No obstante, la sapiencia de una cultura y la otra pueden no estar niveladas. Saber mucho de una y poco de otra.
CONJUNTO DE RASGOS CONSIDERADOS "DE ALLÍ"
Piel, ojos, pelo, etc. Aquí también se aplica la escala de exotismo, cuanto más extraño el rasgo, más exótico.
CACAO IDENTITARIO
(NO imprescindible)
ESPAÑOL NIVEL NATIVO
(Obviamente)
→ Puede hablar el idioma del país de origen familiar en mayor o menor medida.
EDUCACIÓN DE AQUÍ
Aplicable altas expectativas familiares. "Tú llegarás donde yo no pude".
APELLIDOS CHACHIS
el nombre puede ser o no cambiado.

PEQUEÑO APUNTE

No son ni inmigrantes ni migrantes, ya que han nacido aquí. Y los que llegaron aquí de pequeños tienen una transculturación muy fuerte. (EFECTO "UNO ES DE DONDE PACE")

ADAPTACIÓN Y ASIMILACIÓN A LA CULTURA

ALGUNOS TÉRMINOS CORRECTOS:

* Diáspora país origen familiar
* Descendientes de país origen familiar
* Españoles de ascendencia país origen familiar

No aplicable a todos por la autoidentificación

¿QUIÉNES SON?

Los descendientes de migrantes son "los que parecen de allí". Quizás nacieron aquí o llegaron aquí con sus padres cuando eran pequeños o adolescentes.* Suelen sorprender a los de aquí porque, pese a que su forma de ser y hablar es muy local, el fenotipo es distinto. Y claro, pasan cosas...

Cerebro intentando clasificar
¿Qué es lo que más te sorprende de España? ¿La comida que más te gusta?
Ya te dije que había nacido aquí, que llevo aquí toda mi vida... Sorprenderme cosas más bien pocas
Cerebro intentando tener paciencia
Quizás esto nunca deje de sorprenderme

* A los que llegaron más mayores los sociólogos los denominan generación 1.5.

mención especial

LA IDENTIDAD DE LOS DESCENDIENTES DE MIGRANTES

(LOS QUE PARECEN DE ALLÍ)

RESUMIENDO

- LA IDENTIDAD ES UNA CONSTRUCCIÓN CONSTANTE Y FLUIDA. *be water, my friend!*
- NO HAY IDENTIDAD ÉTNICA ÚNICA Y NO EXISTE IDENTIDAD ÉTNICA ERRÓNEA.
- EL CONTEXTO Y LA AUTOIDENTIFICACIÓN AFECTAN DIRECTAMENTE A LA AUTOESTIMA DE UNA PERSONA.
- ~~FUCK RACISTAS~~!

Con lo cual

STOP GENERALIZACIÓN

ni todos los asiáticos son iguales, ni tampoco los negros y un gran etcétera. Hay gran diversidad de sentir, si en España la gente de cada comunidad ya es distinta, imaginaos en el resto del mundo.

No es lo mismo... Es Distinto...

ALEJANDRO SANZ, "NO ES LO MISMO"

NO EXISTE UNA IDENTIDAD MIGRANTE ESTÁNDAR
TOMA, TU IDENTIDAD, ¡Y SOLO CUESTA TU AUTOESTIMA!
ERM... IGUAL, MEJOR NO...

Ni tallas únicas ni cajón de sastre.
La identidad es algo subjetivo, fluido y, sobre todo, personal, con lo cual, no hay que ponerle puertas al campo.

LA AUTOIDENTIFICACIÓN

Es un ente fluido y cambiante, aunque se han identificado varios patrones* de comportamiento que pueden suceder a la vez o no.

我是中国人

Identificación con un único grupo.

me siento
española
y cubana

Identificación con dos o varios grupos a la vez.

En china me
siento español,
en España, chino

Cambio de grupo según el contexto social.

soy
newyorican
NEW
(New York +
Puerto Rico)

El efecto mestizo/híbrido.

*Roots, 1992 y 1996.

SHO ME SIENTO MUY DE ACÁ. NO EXTRAÑO PARA NADA ARGENTINA, Y NO QUIERO VOLVER

NI ESPAÑOL NI CHINO, NI CRISOL DE CULTURAS. QUE ME DEJÉIS EN PUTO PAZ

¿INMIGRANTE DE QUÉ? SI YO HE NACIDO AQUÍ. ¿QUÉ HABRÉ MIGRADO, DEL 28005 AL 28045 EN MADRID?

YO NO TERMINO DE SENTIRME DE AQUÍ, AUNQUE HAYA NACIDO Y VIVIDO EN ESPAÑA TODA LA VIDA. EL GOBIERNO ESPAÑOL ME HA DADO "PERMISO DE RESIDENCIA Y TRABAJO", PERO NO EL DNI

DISTINTAS RESPUESTAS

Y todas correctas

¿SE LLEGAN A SENTIR "DE AQUÍ"? ¿SIEMPRE "DE ALLÍ"? ¿NÓMADAS? ¿DE NINGÚN LADO?

Y POR LOS ESTEREOTIPOS Y DISCRIMINACIÓN, SE PUEDE LLEGAR A CONCLUSIONES ERRÓNEAS SOBRE LA ETNIA/GRUPO AL QUE SE PERTENECE...

pues eso, difícil lo de la autoestima.

¿Por qué todos me dicen cosas de los chinos?

¿Es malo ser china?

¿Tengo que comer gato?

¿Alguien se pregunta si es malo ser español?

PUES ESO

miau
(espero que no)

Si ya, de por sí, la autoestima es algo difícil de desarrollar para una persona, en el caso de los migrantes hay unas capas de dificultad EXTRA:

IDIOMA

amigos
LEYES
... etc.

LA ADAPTACIÓN A LA SOCIEDAD RECEPTORA*

A mayor adaptación, mayor autoestima

ojo, no hay que confundir adaptación con aculturación. Que adaptarse no significa perder la cultura originaria.

THE SQUAD

LA IDENTIDAD SOCIAL (O DE GRUPO)**

El grupo con el que te identificas puede dotarte de estatus y prestigio, y por ende, aumentar la autoestima, o todo lo contrario.

I'VE NEVER FELT THE NECESITY TO LEARN OTHER LANGUAGE. AS EVERYBODY SPEAKS ENGLISH

TRADUCTOR: "PARA QUÉ APRENDER OTRO IDIOMA SI TODO EL MUNDO SE ADAPTA AL MÍO"

SOLÍA PRESENTARME DICIENDO "HOLA, SOY MOHA, PERIODISTA", COMO PARA DEMOSTRAR QUE NO ERA POBRE. CUANDO ME DI CUENTA, LO DEJÉ DE HACER

* Phinney, 1990. ** Deux, 1993.

y esto impacta directamente en la

AUTOESTIMA

El desarrollo de Macarena (identidad étnica) es complicado para los migrantes y sus descendientes por los estereotipos y la discriminación*.

yo no soy racista, pero... mira, dan muchas ayudas a los inmigrantes y a los españoles no. ¡PRIMERO LOS DE AQUÍ!

LOS MOROS ES QUE VIVEN DE LAS AYUDAS... ¡Tú no pareces mora!

feminist

¿Qué está diciendo? ¿Se está dando cuenta de la barbaridad que está soltando?
¡Me va a comer lo que yo me sé!
¿Y si tiene algo de razón?

* Phinney, 1990.

Y ASÍ, TODA LA VIDA, TODOS LOS DÍAS...

Mientras que para los españoles que viven en España la identidad étnica se mantiene en segundo plano (obvio, por otra parte), para los migrantes y sus descendientes adquiere mucha importancia por el entorno en el que viven.

MACARENA GARCÍA
tomando el sol to los dias
Ya ves tú el gran enigma de un español en España...

Con esa cara... tú no eres de aquí
¡CHIN CHAN PU!
Qué bien hablas español
¡VIRUS CHINO! ¡VIRUS CHINO!
MACARENA ZHOU
traga y traga...
engorda y engorda
Comer tanto me sienta mal
bla bla

Veamos ahora

LA IDENTIDAD ÉTNICA*

Ese ente que más o menos todos sabemos lo que es, cuando un afro es "muy afro" o una china "muy poco china".

Básicamente consta de tres partes:

Soy ____
La autoidentificación con la etnia/grupo.

Mi país es ____
El sentimiento de pertenencia al grupo y a la herencia cultural.

Pero todos mis compatriotas me caen maaaal
La actitud hacia la etnia/grupo.

Hello,
Soy Macarena,
Identidad
étnica

*Phinney, 1990.

La identidad tiene distintas partes que interseccionan entre ellas, creando la red identitaria única de una persona*

Identidad sexual
Identidad de género
Identidad étnica
Identidad religiosa
... y un largo etcétera

¡OJO!

NO TODAS LAS PARTES TIENEN EL MISMO PESO DENTRO DE UNA PERSONA:

MÁS BIEN ES ASÍ

* Si os interesa el tema identitario: Judith A. Howard, 2005, "Social Psychology of Identities".

LA IDENTIDAD (complejito el tema...)

Wow wow... Definamos un poco qué entendemos por identidad. Segun la RAE es la conciencia que una persona o colectivo tiene de ser ella misma y distinta a los demás.

La identidad también puede ser entendida como una negociación*, contigo mismo y con el entorno (el contexto), que puede variar según cómo uno se sienta dependiendo de la situación.

"La identidad nunca es a priori, un producto terminado; solo el problemático proceso de acceso a una imagen de totalidad."
Bhabha, 1994

*Rosa Aparicio, entrevista 2019.

{4}

Cómo se sienten y son

¿Soy una taza?
¿Una tetera?
¿Un migrante?
¿Un cucharón?

Intervienen varios factores: alguna experiencia personal, sumada a la sobreexposición y magnificación de noticias o contenidos en medios, y luego la extrapolación de lo que es específico de un contexto a convertirlo en...
la nueva normalidad, y luego lo normal suele ser otra cosa.

TÍA,
¡ERES MI PRIMERA AMIGA CHINA!
LA PRIMERA DE MUCHOS, Y NO SOLO EN AMISTAD...
GUIÑO, GUIÑO...
JIJI

El hada del racismo y los estereotipos, ¿son los padres...?

¿DE DÓNDE SALIERON ESTAS IDEAS?

De nuevo, hay que indagar un poco y tener una visión panorámica de lo que sucede...

MIGRANTE HAY AQUÍ

LO QUE ES*
ni tanto ni tan poco...

ESPAÑA, 2019
47,1 MILLONES DE HABITANTES

87%
ESPAÑOLES
41M

aquí también entran migrantes nacionalizados y descendientes

13%
MIGRANTES
6M

AQUÍ ENTRAN TAMBIÉN ESPAÑOLES DE ASCENDENCIA EXTRANJERA QUE POR MOVIDAS BUROCRÁTICAS TIENEN PASAPORTE NO ESPAÑOL

PO...
LA GRAN MAYORÍA SOMOS DE AQUÍ

Y TENEMOS LOS MEJORES TRABAJOS**

* INE, 2019

** EN EL ESTUDIO ILSEG DE ALEJANDRO PORTES (2014) SOLO EL 9,19% DE LOS ENCUESTADOS MIGRANTES TENÍA UN PUESTO INTERMEDIO O DIRECTIVO

SOBRE CUÁNTA POBLACIÓN

LO QUE LA GENTE CREE

¿amenazante mayoría silenciosa?

alto número indefinido de migrantes

(ALGUNOS SIMPÁTICOS, OTROS AMENAZANTES Y ALGO CHUNGOS)

ÑAM

ÑAM

ÑAM

QUE SE COMEN LOS RECURSOS Y TRABAJOS ...

VENIMOS A OPERARNOS GRATIS AQUÍ

Y NOS CASAREMOS CON VUESTRAS MUJERES

Ahora,

pasaremos a ver la realidad

CROQUIS SIMPLIFICADO DE CÓMO AFECTAN

INFLUENCIA DE ESTEREOTIPOS Y SESGOS

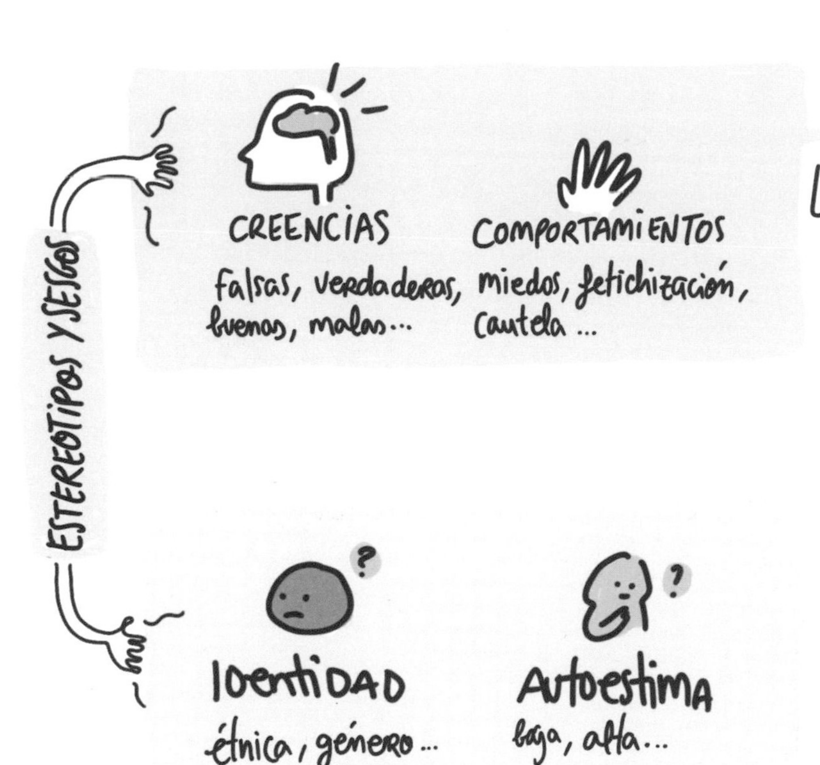
ESTEREOTIPOS Y SESGOS
CREENCIAS
falsas, verdaderas, buenas, malas...
COMPORTAMIENTOS
miedos, fetichización, cautela ...
IDENTIDAD
étnica, género...
Autoestima
baja, alta...

La gente de aquí

INTERACCIONES INFLUIDAS
en lo personal y fuera de lo personal

Los de allí y los que parecen de allí

VAMOS, QUE LOS ESTEREOTIPOS TIENEN SU MIGA EN LA VIDA DE LAS PERSONAS. EN LO PÚBLICO, EN LO PRIVADO, EN LO INDIVIDUAL Y EN LO COLECTIVO.

* Interpretación simplificada y gráfica: Naomi Prieto y otros, 2018.

Conocer nuestros mecanismos internos nos debería ayudar a ser más conscientes sobre nuestras creencias y comportamientos.

Pues perdón, estoy sesgado, y no me daba cuenta...

¿Qué le hago? ¿Me mato?

ERM, NO.

"ESTABA SESGADO" NO PUEDE SER EL NUEVO "ESTABA BORRACHO".

¿CÓMO AFECTAN LOS SESGOS Y ESTEREOTIPOS A NUESTRO COMPORTAMIENTO?

mucha variabilidad de comportamientos

EVANGELIZACIÓN ÉTNICA
Señalar todos los errores de otros es su misión, pero no dar voz a las minorías

FETICHIZACIÓN ÉTNICA
Amor y porno interracial como modo de vida

POSTUREO ÉTNICO EN INSTAGRAM
Haciendo algo con algún niño racializado (quién dice insta, dice tinder...)

SER NORMAL

DESCONFIANZA
El "yo no soy racista, pero..."

La mayoría de la gente pasa por estas fases a lo largo de su vida...

I ♥ ABASCAL

RECHAZO Y DISCRIMINACIÓN
La inmigración como origen de todos los males

VIOLENCIA Y ODIO
Muerte y destrucción

Interpretación humorística de la pirámide del odio

Según el profesor de estudios asiático-americanos Min Song, la última ola de inmigración a EEUU. por parte de la población china* (~1965) fue en un contexto en el que faltaban ingenieros cualificados para trabajar. Con lo cual, si eras ingeniero, el país te facilitaba la migración (prioridad en la cola de inmigración + visados). Como resultado, migraron y se asentaron muchos ingenieros chinos, tuvieron hijos que, ¡oh!, también eran muy listos y se les daban bien las mates... Y el resto ya es historia.

¡Ah! Y lo del kung-fu, pues leyendas, películas y nuestro amigo BRUCE.

BRUCE LEE

EL KUNG-FU MASTER DE LOS MEDIOS

Be water, my friend, or I will kick your ass

☝ Os recomiendo que investiguéis sobre la creación del concepto "minoría modélica" si os interesa el tema.

* También os recomiendo investigar sobre las distintas olas de inmigración china en EE.UU., y cómo durante un tiempo cerraron las fronteras a los chinos.

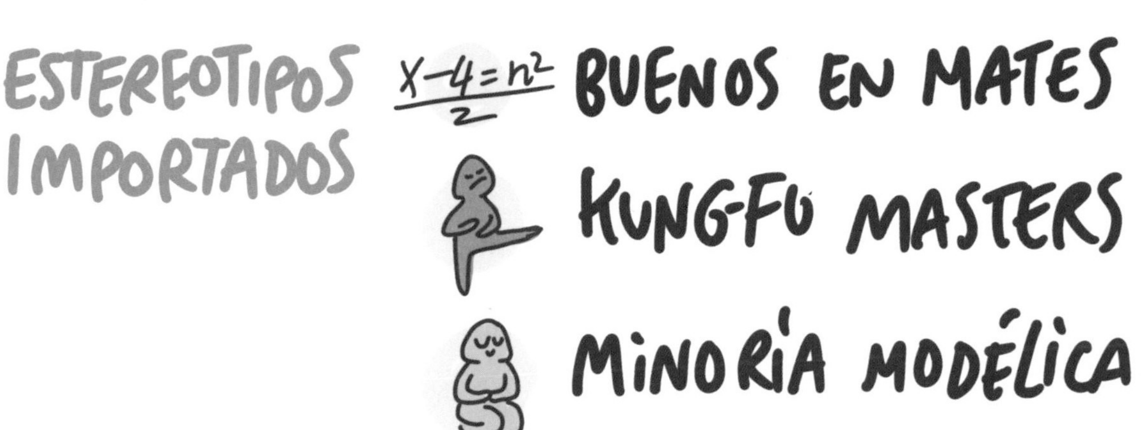
ESTEREOTIPOS IMPORTADOS
$\frac{x-4=n^2}{2}$
BUENOS EN MATES
KUNG-FU MASTERS
MINORÍA MODÉLICA

Sí, importamos estereotipos y racismo. Y de forma muy efectiva, además. En concreto, estos son de EE.UU. Durante mi infancia, pese a que aún no hubiera casi migrantes chinos en España, me sorprendía (y a veces enfadaba) que la sociedad ya diera por hecho cómo tenía que ser y comportarme. ¿Y de dónde venían esas ideas si casi no había ciudadanos chinos?

LOS MEDIOS. SIEMPRE LOS MEDIOS.

¿De dónde vienen estos estereotipos?
¿Generación espontánea? ¿Nos los hemos inventado?

ESTEREOTIPOS DE RECIENTE CREACIÓN

RICOS
Influido por el boom económico reciente.

NO PAGAN IMPUESTOS
la vida pirata, la vida mejor

Influido por la Operación Emperador* y el auge de negocios regentados por ciudadanos chinos.

CALNE LATA

RESTAURANTES DE DUDOSA CALIDAD
Leyendas urbanas más hábitos de alimentación distintos.

Cosas que pasan en la actualidad son magnificadas por los medios, luego transmitidas de persona a persona y se acaba creando una nueva idea generalizada.

* Operación contra la corrupción en Madrid, en la cual el cabecilla era Gao Ping, ciudadano chino. Buscadlo, ni el caso Malaya tiene tanta fantasía.

Veamos un ejemplo que me pilla de cerca:

ESTEREOTIPOS SOBRE CHINOS

En realidad suelo vestirme de Levi's, pero ...

- Buenos en matemáticas (y en estudios en general)
- TRABAJADORES
- KUNG-FU masters
- COMEDORES de animales exóticos
- No se integran
- RICOS
- No pagan impuestos
- ____________________
- ____________________
- ____________________

← añade estereotipos

LA PROBLEMÁTICA DEL DISCURSO ÚNICO

La falta de reflexión más allá de la intencionalidad ("es humor", "está hecho con cariño" o similar) y la carencia de distintas voces creadoras han resultado en una representación simplista y estereotipada de la población migrante y sus descendientes.

Y ya. No hay más. No hay riqueza de perfiles ni distintos puntos de vista. Cero, caca.
¿Qué pasa entonces? Que seguimos perpetuando los mismos sesgos y estereotipos en la población, aunque ya estén más que caducados y desfasados.

No hemos intentado nada (como investigar más, incluir distintas vocés de migrantes en la creacion de contenidos, etc.)

y ya no sabemos qué hacer...

Efecto ciempiés mediático

(como el ciempiés humano*, pero en los medios)

*Si no sabéis lo que es, cuidadito con las imágenes de Google.

¿QUÉ LES PASA A LOS MEDIOS?

En los medios generalistas
(los de ultraderecha son caso aparte)
no creo yo que
ningún buen productor
o director se levante
diciendo eso...

¡Vamos a hacer el contenido más racista y misógino del mundo! ¡Lo va a petar!

(Recordemos, los medios generalistas ganan dinero principalmente de publis. Marcas ≠ racismo y misoginia, marketing básico).

Yo me imagino algo más así:

+100 CREAR
+1000 SESGOS Y ESTEREOTIPOS
=

¡IDEACA! Monólogo sobre chinos

→

TRAS RECIBIR CRÍTICAS VARIAS Y SER TRENDING TOPIC

¡Ofendiditos! ¿Y la libertad de expresión? ¡Solo es humor! ¡Censuraaa!

sensacionalismos everywhere
HOY, PABRO, YO TE ENSEÑO CÓMO CAGAR EN UN CUBO. ¡Y LO MUCHO QUE YO GUSTA ESPAÑA!
¡CUÁNTO APRENDEMOS DE LOS CHINOS!
SECCIÓN DEL PROGRAMA "EL HORMIGUERO"
¡LOS NEGROS SON LA SALVACIÓN DEL PUEBLO! Y DE MI CORAZÓN
GRACIAS POR SER TAN BUENA. TE PAGARÉ CON MI CUERPO.
PELÍCULA "LO NUNCA VISTO", 2019

→ PARA VER + EJEMPLOS SOBRE POBLACIÓN CHINA, BUSCAD EL DOCUMENTAL "CHINO CAPUCHINO" DE ITA TSAI EN YOUTUBE.

¿Y QUÉ HAY EN LOS MEDIOS?

¿A que no lo adivináis?

¿Qué tiene poder para transmitir ideas a mucha gente a la vez? ~~Los influencers~~. Los medios de comunicación de masas, obviamente.

LA TRANSMISIÓN VÍA TELEMÁTICA
LOS CHINOS SON FEOS, JA JA JA*
*Monólogo Julián López.
IDEAS TRANSMITIDAS A MUCHA GENTE A LA VEZ DE FORMA CONTINUADA A LO LARGO DEL TIEMPO.
mensaje unidireccional transmitido de forma repetitiva
no sabe, no contesta
¡Oh! Toda la razón
Ja ja ja
¿Qué tonterías dicen?

Vamos, que dan tanto la chapa que acaba calando.

Veamos, pues,

LA TRANSMISIÓN DE ESTEREOTIPOS

(y por ende, los sesgos)

en la esfera pública

El estereotipo necesita transmitirse e infectar al mayor número de personas posibles, y cuanto más gente se lo crea, más fuerte es.

Algo que solo te crees tú, obviamente, no es un estereotipo...

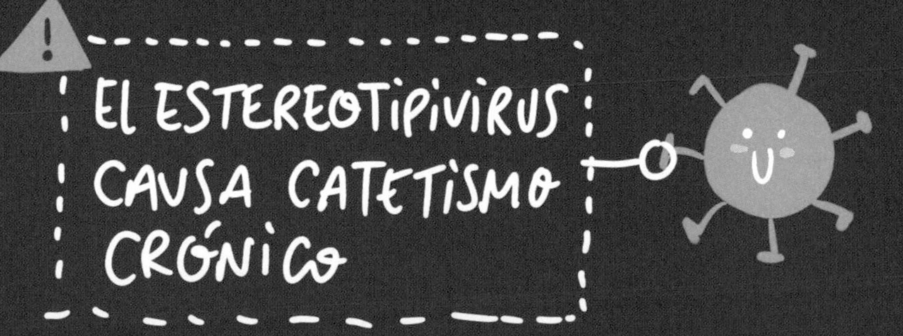
EL ESTEREOTIPIVIRUS CAUSA CATETISMO CRÓNICO

¿Pero de dónde vienen? ¿Generación espontánea? ¿El hada madrina racista?

Wingardium Racismus
¡BUA! ME FLIPAN LA LECHE DE TETA Y MATAR JUDÍOS

Los estereotipos y sesgos se forman por agentes externos, de una forma muy parecida, además...
Los sesgos, por recibir de forma continuada mensajes directos o indirectos sobre algo o alguien.*
Y para los estereotipos, además de recibir el mensaje hay que transmitirlo y que un grupo grande de personas se lo crea.**

* KIRWAN INSTITUTE OHIO, 2014-15. ** DOUGLAS MARTIN, 2014.

Tonntaaa

UNA COSA ES SABERTE EL ESTEREOTIPO
(Y COMPARTIRLO O NO)
Y OTRA MUY DISTINTA ES ACTUAR DE FORMA SESGADA E INCONSCIENTE INFLUIDO POR ÉL.

¿Qué vas a programar tú, rubia?
JA JA JA
Empecé a picar código con doce años, imbécil...
Y he ganado un hackathon de la NASA

HABLEMOS AHORA DE ESTEREOTIPOS

REPASO RÁPIDO, QUE TODOS SABEMOS LO QUE SON...

RAE: 1. Imagen o idea comúnmente aceptada por un grupo con carácter inmutable.

2. Plancha.

Vaya, también es una plancha...

Chufidefinición descafeinada la de la RAE

COLLINS: imagen fija y general o características que mucha gente cree que representan a ciertas personas o cosas.

Bueenoo...

OXFORD DICTIONARY: imagen fija que muchas personas tienen de un tipo de persona o cosa, pero que normalmente no coincide con la realidad.

Chapó, OXFORD

Ejemplo claro en EE.UU.: los sesgos y estereotipos* sobre la población negra están relacionados con la criminalidad y el bajo nivel educativo. ¿Ha influido esto en la población? Pues sí.
El comportamiento tanto del profesorado como de los policías hacia ellos resulta en actitudes mucho más agresivas que si hubieran sido blancos.

EJEMPLO BASADO EN HECHOS REALES

Policía, 40 años
Sesgado y predispuesto
¡TIRE EL ARMA!
¡ES UN MÓVIL!
AFRICAN AMERICAN, 22 AÑOS
AUTOR DE NADA

* perception.org: Transforming perception, 2013.

→ En el momento de la creación del libro, George Floyd fue asesinado a manos de un policía.

Y POR eso, aunque la función e intención de Pepe (sesgo implícito) es buena, causa muchos PROBLEMAS

(HAY UN TEST ONLINE PARA AYUDARTE A VER TUS SESGOS, "PROJECT IMPLICIT" DE HARVARD).

yo solo quiero lo mejor para ti

Como está en el subconsciente, no podemos saber sin ayuda qué tipo de pensamientos son, ni controlar nuestras reacciones.

¡A ti te voy a decir lo que pienso! ¡JA!

Además, pueden ser CONTRARIOS a nuestros valores y creencias.
(un homosexual con sesgos homófobos, activistas con sesgos racistas, etc.).

. . .

Y a menudo están relacionados con los ESTEREOTIPOS.

¡De algún lado tengo que aprender! ¿No?

PERO PEPE ES UN POCO PARTICULAR...

VA POR LIBRE

¿Me vas a decir TÚ a Mí lo que tengo que hacer?
ANDAAAA

EL SESGO IMPLÍCITO* (IMPLICIT BIAS)

Holi, soy tu sesgo implícito, me llamo Pepe

Está en el subconsciente** y Pepe es un conjunto de pensamientos*** no neutrales sobre algo o alguien, que afectan a nuestro comportamiento SIN QUE NOS DEMOS CUENTA.

Si ves esto en la playa, ¿Qué haces? ¿Te quedas pensando o sales corriendo del agua? Pues eso.

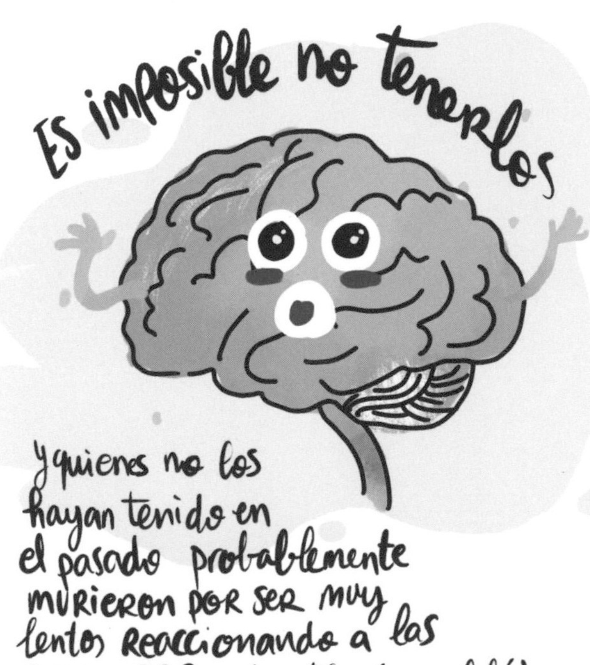

Es imposible no tenerlos

y quienes no los hayan tenido en el pasado probablemente murieron por ser muy lentos reaccionando a las amenazas... (un tiburón o un bebé).

* KIRWAN INSTITUTE, OHIO STATE UNIVERSITY, 2014-2015.

** DEBATE SOBRE CÓMO LLAMARLO, SEGÚN FREUD ES INCONSCIENTE Y SUBCONSCIENTE. SEGÚN HARVARD Y LA MEDICINA MODERNA, SUBCONSCIENTE.

*** Asociaciones automáticas muy rápidas de pensamientos e ideas.

SESGOS Y ESTEREOTIPOS

Básicamente son mecanismos cerebrales para simplificar y automatizar información, así nos es más fácil predecir lo que va a pasar y SOBREVIVIR.

MARIE KONDO CEREBRAL

Esto... "amor", parece a la carpeta "DANGER"

GATETE DORMIDO

Z z z

✓ Cosas seguras

~ mmm...

⚠ DANGER

BACON está muy bueno, PERO...

Bebés

Para meter rápidamente cada cosa en su archivador, uso los sesgos y estereotipos

¿Seguro que los ves?
SESGOS
ESTEREOTIPOS

{3}

Cómo los ven

los de aquí (si es que los ven...)

Además, las cosas que son percibidas como "de allí" son cambiantes con el tiempo.

CARÁCTER MUTABLE DE LA "Allidez"

ALHAMBRA, 800 d.C
DE AQUÍ

ALHAMBRA HOY
DE ALLÍ

En general, la gente tiene poca memoria, y de memoria histórica... pues ya ni hablamos. Si en un tiempo determinado (3 generaciones, por poner un ejemplo) no ha habido ciertos rasgos físicos por la zona, pues esos rasgos pasan a ser extraños y percibidos como de allí. Efecto "SI AQUÍ NO HAY, PUES DE AQUÍ NO ES".

LOS QUE PARECEN DE ALLÍ

CHINO VASCO
o
VASCO chino
LA CHICA DE LA SERIE ÉLITE
BABA, HARTA ESTOY DE LA FRUTERÍA
mmm... ESE PARECE DE AQUÍ, PERO PUEDE NO SERLO
¿QUIÉN, YO?

Hay personas que han nacido aquí, vivido aquí toda su vida o incluso han sido adoptadas por familias locales, PERO tienen cosas que no son considerados locales por el imaginario colectivo de los de aquí.
Cosas: cultura, fenotipo, idioma... muchas cosas.

 Vacío legal en los que tienen familia española, PERO que han sido criados en el extranjero.

LOS DE ALLÍ

Ese gran misterio dentro de un enigma. ¿Quiénes son? Los de allí son gente no natural de aquí. Gente que ha venido aquí, de otro sitio, o que sigue allí.

Los extranjeros.
Los migrantes.
La inmigración.
Pues eso, la gente de allí.

→ Cuanto de más lejos venga (o creamos que venga) y más diferencias físicas, culturales e idiomáticas, mayor exotismo percibido por la población de aquí.

Ella es DE ALLÍ.
I'm Beyoncé from Houston, TEXAS!
NOT A SINGLE LADY

{2}

LOS DE ALLÍ

O que parecen de allí...

LAS PERSONAS SIEMPRE NOS HEMOS ESTADO MOVIENDO DE AQUÍ ALLÍ...

el salón

la cocina

EJEMPLOS:

Puerto Huelva ⟷ Américas

MUNDO REAL ⟷ WESTWORLD

PENTOS ⟶ DESEMBARCO DEL REY

EVOLUCIÓN DEL VIAJERO

PROVINCIANO
DEL PUEBLO A LA PEQUEÑA CIUDAD

EXPLORADOR
OYE, PUES VIAJAR NO ERA TAN DIFÍCIL

I ♥
OFERTAS

CALLEJERO VIAJERO
AIRBNB, BOOKING... DE TO ME SÉ YA

CIUDADANO DEL MUNDO
MI VIDA ES UN VIAJE SIN FIN

~~Willy~~ PHILEAS FOG
TRAS LA VUELTA AL MUNDO, SOLO QUIERO CASA

Nos encanta viajar, conocer nuevas culturas con o sin pulseritas de todo incluido. Además de viajar por placer, las migraciones han estado siempre presentes, desde que éramos cazadores-recolectores hasta hoy. Fijaos, el primer registro de un chino en España fue por 1500 en el puerto de Sevilla*. Y hoy en día aún hay gente que se sorprende al conocer a uno.

*EVELYN HU-DEHART, 2018.

Allí o Allises

Existen muchos allises, allises cercanos, allises más lejanos. Allises dentro del mismo país, allises para los que hay que cruzar fronteras. También, "el gran allí" o más allá.
Lo que está más que claro es que el allí es todo lo que **no consideramos aquí**.

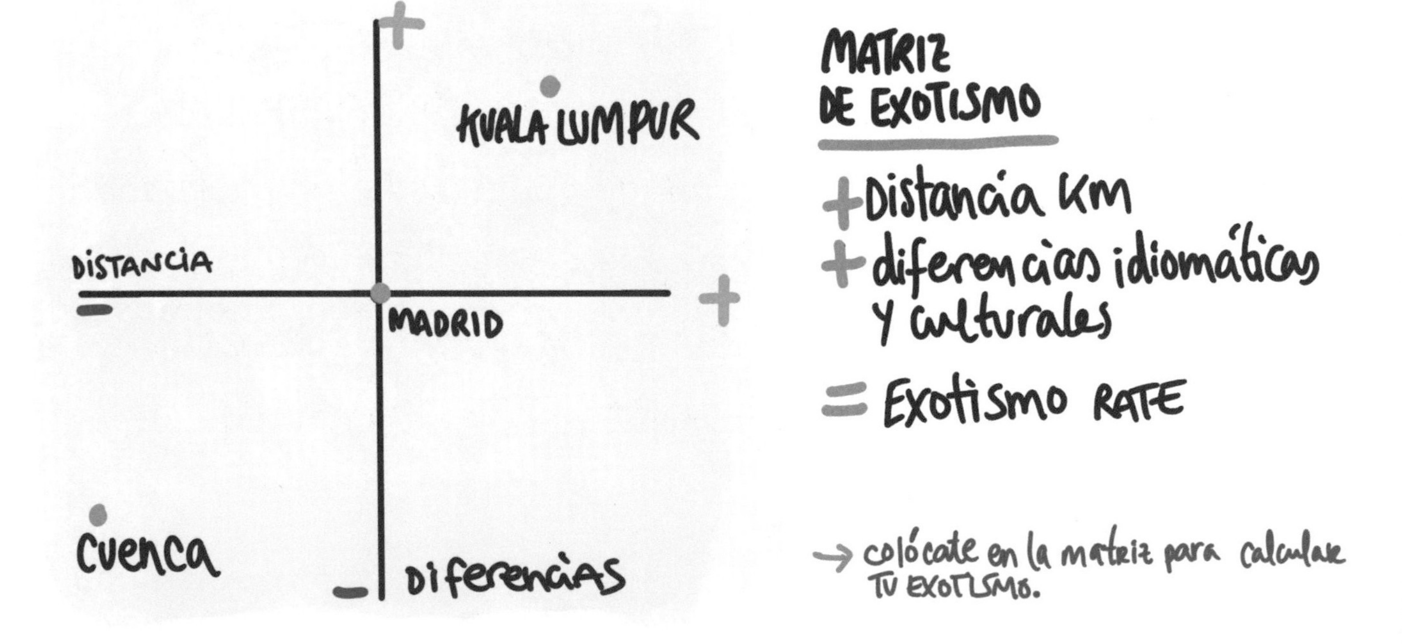

+
KUALA LUMPUR
DISTANCIA
–
MADRID
+
CUENCA
–
DIFERENCIAS
MATRIZ DE EXOTISMO
+ Distancia KM
+ diferencias idiomáticas y culturales
= Exotismo RATE
→ colócate en la matriz para calcular tu exotismo.

1

Los Allises

Ese gran misterio...

A mi familia biológica.
Que tan valiente fue de migrar para
buscar una vida mejor.

Q.

PERO este libro tampoco va de qué es o no racista. Este libro va de personas y de sus relaciones, de esa relación tan compleja que existe entre los migrantes y los españoles que convivimos aquí.

UN POCO DE SOCIOLOGÍA POP *

Porque, a estas alturas de la vida, no podemos seguir pensando que alguien con rasgos asiáticos automáticamente no va a hablar español o que piel morena y pelo rizado significan ¡salsaaaa!

Quan

¿TIENES EL "NOVACONMIGUISMO"?

¡Hey, tú! Sí, tú, que estás leyendo u ojeando este libro. Quizás lo has cogido en la librería, quizás te lo han regalado o quizás te lo has comprado (muy bien hecho). Quizás estés pensando:

> Pero si esto no va conmigo,
> yo no soy RACISTA. Soy ciudadano
> del mundo con pasaporte universal

PERO

¿Sabías que el 89,6% opina que tiene amigos con comportamientos racistas? (Pero, a la vez, nadie se considera racista... uy, uy, uy).

QUAN ZHOU WU

GENTE DE ALLÍ

ENSAYO GRÁFICO SOBRE MIGRANTES Y ESPAÑOLES